AGOSTINHO
UM DRAMA DE HUMANA MISÉRIA E DIVINA MISERICÓRDIA

Huberto Rohden

TEXTO INTEGRAL

3ª EDIÇÃO

A ORTOGRAFIA DESTE LIVRO FOI ATUALIZADA SEGUNDO O ACORDO ORTOGRÁFICO DA LÍNGUA PORTUGUESA (1990), QUE PASSOU A VIGORAR EM 2009.

COLEÇÃO A OBRA-PRIMA DE CADA AUTOR

AGOSTINHO

UM DRAMA DE HUMANA MISÉRIA E DIVINA MISERICÓRDIA

Huberto Rohden

TEXTO INTEGRAL

MARTIN CLARET

© *Copyright* desta edição: Editora Martin Claret Ltda., 2010.

Ano da primeira publicação: 1942.

CONSELHO EDITORIAL
Martin Claret

PRODUÇÃO EDITORIAL
Taís Gasparetti

CAPA
Ilustração: Santo Agostinho, *Sandro Botticelli*,
afresco da Igreja de Todos os Santos, Florença

MIOLO
Revisão: Durval Cordas / Waldir Moraes
Projeto gráfico: José Duarte T. de Castro
Editoração eletrônica: Editora Martin Claret
Impressão e acabamento: Eskenazi Gráfica

Dados Internacionais de Catalogação na Publicação (CIP)
(Câmara Brasileira do Livro, SP, Brasil)

Rohden, Huberto, 1893-1981.
  Agostinho: um drama de humana miséria e divina misericórdia
/ Huberto Rohden. — 3. ed. — São Paulo: Martin Claret, 2012. —
(Coleção a obra-prima de cada autor; 310)

"Texto integral"
ISBN 978-85-7232-809-8

1. Agostinho, Santo, Bispo de Hipona, 354-430
2. Santos cristãos - Biografia I. Título II. Série.

10-13432   CDD-282.092

Índices para catálogo sistemático:

1. Santos: Igreja Católica: Biografia   282.092

EDITORA MARTIN CLARET LTDA.
Rua Alegrete, 62 – Bairro Sumaré – CEP: 01254-010 – São Paulo – SP
Tel.: (11) 3672-8144
www.martinclaret.com.br
5ª reimpressão - 2021

Sumário

Agostinho

Advertência 9
Prefácio 11
Agonia dum grande império. Um lar desarmonizado 15
Um recanto da Numídia. Amigo de brinquedos e inimigo
    dos livros 19
Madaura. Prelúdios do amor 28
Férias em Tagaste 35
Carthago Veneris 40
Deliciosa amargura 45
Clarões em plena noite 49
Entre a inteligência e a fé. O maniqueísmo 55
Novamente em Tagaste. O profano gozador 57
Angústia dum coração de mãe. Um sonho e muitas lágrimas ... 64
A volúpia das saudades 66
Silencioso clamor duma alma 68
O primeiro livro. O novo Tântalo 75
Planos de viagem. Adeus, Cartago! 78
No labirinto romano. Trabalhos. Desânimo 81
Adeus, Roma! Funcionário público em Milão 85
Agostinho e Ambrósio 89
Planos de casamento. Três mulheres e um homem 94
A grandeza de uma mulher anônima 103
Perseguido pelo Cristo. Crise redentora 105

A paz da alma no idílio da natureza 117
Saudades da África. Na praia de Óstia 124
O monge de Tagaste 130
Sacerdote de surpresa e bispo à força 136
Governador, juiz e bispo 142
Agostinho *versus* Pelágio 147
De civitate Dei 150
Agostinho como pensador autônomo 152
Criação e evolução segundo Agostinho 155
Solilóquios com Deus (Fala Agostinho) 158
A África no poder dos vândalos. Ocaso dum grande luzeiro 165

Cronologia 167
Títulos das obras completas de Agostinho 169
Dados biográficos 173
Relação de obras do professor Huberto Rohden 176

❖

AGOSTINHO

UM DRAMA DE HUMANA MISÉRIA
E DIVINA MISERICÓRDIA

Advertência

A substituição da tradicional palavra latina *crear* pelo neologismo moderno *criar* é aceitável em nível de cultura primária, porque favorece a alfabetização e dispensa esforço mental — mas não é aceitável em nível de cultura superior, porque deturpa o pensamento.

Crear é a manifestação da Essência em forma de existência — *criar* é a transição de uma existência para outra existência.

O Poder Infinito é o *creador* do Universo — um fazendeiro é *criador* de gado.

Há entre os homens gênios *creadores*, embora não sejam talvez *criadores*.

A conhecida lei de Lavoisier diz que "na natureza se *crea* e nada se aniquila, tudo se transforma"; se grafarmos "nada se *crea*", esta lei está certa, mas se escrevemos "nada se *cria*", ela resulta totalmente falsa.

Por isso, preferimos a verdade e clareza do pensamento a quaisquer convenções acadêmicas.

❖

Prefácio

O angustioso problema de Agostinho não era, propriamente, a luta entre a carne e o espírito, como certos biógrafos fazem crer e como, por vezes, o próprio Agostinho parece supor. Essa luta é mais um problema de juventude, e que é notavelmente atenuado na idade madura.

Nem era, a bem dizer, o problema de conciliar a inteligência analítica com a razão intuitiva.

O problema central da vida do genial africano de Tagaste, e que perdurou os setenta e seis anos da sua existência terrestre, era o problema: *Cristianismo ou Cristo*. Sendo que toda alma humana, como diz outro africano genial, é crística por sua própria natureza, Agostinho passou a vida inteira lutando, consciente ou inconscientemente, pela cristicidade ou cristificação da sua alma, a despeito dos muitos cristianismos que o cercavam.

No tempo de Agostinho existiam algumas dúzias de cristianismos, cada um dos quais afirmava ser a única mensagem autêntica do Cristo.

A maior tragédia de um grande gênio é ter discípulos após sua morte que, de boa-fé, se dizem autênticos continuadores do grande Mestre, sem atingirem os voos do espírito dele. Nenhum talento, por mais aguçado, tem a visão cósmica do verdadeiro gênio; todo talento opera no nível horizontal do ego humano, ao passo que o gênio recebe suas revelações na vertical duma invasão cósmica da própria alma do Universo.

No tempo de Agostinho havia cristãos maniqueus, cristãos arianos, cristãos pelagianos, cristãos donatistas, cristãos gnósticos, cristãos písticos, cristãos monofisitas, cristãos monoteletas, cristãos nestorianos, cristãos católicos ortodoxos, cristãos católicos romanos, etc. Na cidade imperial de Milão predominava o cristianismo católico romano, representado pelo imperador Teodósio, pelo bispo Ambrósio, e por Mônica, mãe de Agostinho. Aos trinta e dois anos o filho de Mônica resolveu finalmente aceitar o cristianismo católico romano, não como uma solução definitiva das lutas metafísicas do seu espírito inquieto, mas como o melhor expediente do momento, sobretudo para contentar Mônica, que chorara e orara trinta anos pela conversão do seu predileto caçula.

Todas as obras de Agostinho provam que ele nunca lançou âncora num porto definitivo; o seu gênio navegava, em intermináveis odisseias, por todos os mares tempestuosos dos pensadores inquietos. Horrorizado com as dezenas de cristianismos em litígio, viu Agostinho a imperiosa necessidade de estabelecer certa unidade no meio da caótica pluralidade das teologias cristãs, e o cristianismo católico romano, sob os auspícios do próprio Imperador, prometia garantir certa unidade. Se essa unidade externa coincidia com a verdade interna, isto era outra pergunta, antes de consciência individual do que de conveniência social.

Depois de ter abraçado oficialmente o cristianismo dominante em Milão, continuou Agostinho, durante os restantes quarenta e quatro anos de sua vida, a ansiar por seu encontro pessoal com o Cristo. Não fosse ele o gênio metafísico que era, teria identificado o cristianismo com o Cristo, ou com a cristicidade, como fazem certos talentos teológicos. Mas, para Agostinho, a conversão oficial não era a chegada a uma meta final; era apenas uma etapa na interminável jornada evolutiva rumo ao Cristo. Para ele a posse não o dispensava duma busca ulterior; o achar o impelia a procurar mais; a certeza gerava novas incertezas.

É esta a dolorosa felicidade dos grandes gênios; a sua felicidade está na certeza de estarem no caminho certo — a sua dolorosidade está em se saberem longe da meta final, porque eles sabem ou vislumbram que todo o finito em demanda do Infinito está sempre a uma distância infinita. A vida eterna não é uma chegada — é uma incessante jornada em linha reta.

Os livros dos últimos anos de Agostinho revelam uma progressiva superação da análise intelectual e uma crescente aproximação da intuição espiritual. Em parte, o filho de Mônica preludiou o itinerário de Tomás de Aquino, que, pelo fim da sua vida, depois de ter provado com cinco argumentos analítico-intelectuais a existência de Deus, confessou "tudo que escrevi é palha".

Também Agostinho, nos últimos anos de sua peregrinação terrestre, ultrapassou a linha horizontal do intelecto e se deixou invadir pela misteriosa vertical da razão espiritual, que é a mística sadia.

"Deus, noverim me ut noverim te" (Deus, conheça eu a mim para que te conheça a ti) — palavras como essas marcam a saída do monoteísmo dualista da teologia e a entrada no monismo unitário da filosofia cósmica.

"Deus, onde estavas tu", pergunta Agostinho, "quando eu vivia nos meus pecados?" Responde Deus: "Eu estava no meio do teu coração". Replica Agostinho: "Como podias tu, a Infinita Santidade, estar no coração do maior pecador?" E Deus responde: "Agostinho, eu estava sempre presente a ti, mas tu andavas sempre ausente de mim". Com essas palavras confessa Agostinho a imanência de Deus em todas as creaturas, e que o pecado não consiste na ausência de Deus, mas na inconsciência da sua presença por parte do homem.

A evolução ascensional de Agostinho culmina em autoconhecimento e autorrealização, como diríamos em terminologia hodierna, culmina na compreensão das palavras do Cristo: "Eu e o Pai somos um... o Pai está em mim... o Pai também está em vós".

* * *

No século V, o tronco do Cristianismo não acusava ainda a bifurcação nos dois galhos de cristianismo católico e cristianismo protestante (evangélico). Em face disso se compreende que tanto católicos como protestantes invoquem a autoridade de Agostinho. Quando, decênios atrás, resolvi escrever esta biografia, encontrei as obras completas de Agostinho, em latim, somente na Faculdade Teológica de uma Igreja Evangélica.

Nos últimos tempos, sobretudo desde o Concílio Vaticano II, verifica-se uma reconvergência dos dois galhos cristãos para uma harmonização ecumênica; decrescem as divergências teológicas, cresce a convergência cristã das igrejas. Possivelmente, Agostinho poderia ter dito o que, em nosso século, Mahatma Gandhi disse aos missionários cristãos que tentavam convertê-lo: "Aceito o Cristo e seu Evangelho, não aceito o vosso cristianismo". E talvez mesmo com Albert Schweitzer poderia ter dito: "Nós injetamos aos cristãos o soro da nossa teologia, e quem é vacinado com o soro da teologia cristã está imunizado contra o espírito do Cristo".

Agostinho, a despeito de tantas teologias cristãs em litígio, rompeu caminho rumo ao Cristo, realizando o sentido das suas próprias palavras: "Fizeste-nos para ti, Senhor, e inquieto está o nosso coração até que ache quietação em ti".

❖

Agonia dum grande império. Um lar desarmonizado

Incide a vida de Agostinho num período histórico estranhamente caótico sob todos os pontos de vista.

Baixavam sobre o Império Romano as primeiras sombras do crepúsculo.

Ventos outonais arrebatavam da gigantesca árvore folhas murchas, dispersando-as por todas as latitudes e longitudes do universo.

Todos os organismos, quer individuais, quer sociais, têm o seu nascimento, a sua evolução, atingem o apogeu da sua vitalidade — e vão decaindo, decaindo, em virtude de leis inerentes à sua própria natureza, até desaparecerem da face da terra e cederem lugar a novos fenômenos.

Roma esgotava-se em orgias e bacanais.

Digladiavam-se em sangrentas guerras civis os chefes do Império.

Roía a medula da nação a gangrena de infrene luxúria.

A aristocracia romana apodrecia, moral e fisicamente, nas salas de banquete e nos lupanares.

O povo explorado e gemendo sob o peso de tributos cada vez mais onerosos esperava, impaciente, por uma ocasião para sacudir o jugo e vingar-se da tirania dos poderosos opressores.

Pelas vastas fronteiras, europeias, asiáticas e africanas, do Império espreitavam godos, vândalos e hunos, povos selvagens, semibárbaros, porém cheios de audácia juvenil; ansiosos, aguardavam o momento para pilhar os grandes centros do Império e arrasar uma civilização milenar.

O mais funesto dos males, porém, era o paulatino estancamento dos mananciais da vida. Milhares de famílias romanas eram desertos estéreis, lares sem filhos, lindos recantos com todo o luxo e conforto da época, mas sem o alegre sorriso duma vozinha infantil — e que futuro pode esperar uma nação em cujo seio é maior o "déficit" da morte que o saldo da vida?...

Suicidava-se lentamente o gigantesco Império dos Césares...

Três séculos havia que o divino fermento do Evangelho se achava empenhado numa luta titânica com as potências adversas, que procuravam sustar-lhe a marcha e realizar o sacrílego vaticínio de Diocleciano: *"Christiano nomine deleto"* — extinto o nome cristão! Verdade é que, já nesse tempo, haviam cessado as carnificinas de Nero; mas a própria corrupção interna provou-se muito mais funesta ao espírito do Evangelho do que todas as violências externas. O Cristianismo estava rasgado de discórdias. Tão abundantes e poderosas pululavam as heresias que São Jerônimo, contemporâneo de Agostinho, chegou a ponto de afirmar que, um dia, despertou o orbe terráqueo — e viu que era ariano.

Em 313, pelo Edito de Milão, o Imperador Constantino Magno deu liberdade ao Cristianismo, que, depois de três séculos de vida nas catacumbas, começou a viver na superfície da terra. Nem a mística das catacumbas, nem o martírio do Coliseu foram capazes de exterminar a mensagem do Cristo. Mas a liberdade lhe foi mais funesta do que as perseguições, porque juntamente com a liberdade Constantino deu aos cristãos três presentes gregos: *armas, política* e *dinheiro* — armas para matar seus inimigos, política para enganar os amigos, e dinheiro para comprar e vender consciências.

Dentro de um século surgiram algumas dezenas de cristianismos, cada um dos quais afirmava ser a verdadeira e única mensagem do Cristo. Hoje, essas poucas dezenas proliferaram em centenas e milhares de cristianismos; pois toda análise de coisas espirituais é desastrosa e mortífera; toda e qualquer teologia analítica, substituindo a vivência intuitiva, é dissolvente. A própria palavra grega *analysis* quer dizer *dissolução*.

Um século após a libertação do Cristianismo por decreto imperial, o Ocidente cristão do Império Romano, europeu, asiático e africano, se digladiava em controvérsias sobre a verdadeira mensagem do Cristo.

No meio dessa atmosfera nasce, na província romana da Numídia, ao norte da África, uma criança de débil constituição — e nasce num lar que era bem o reflexo e a miniatura do triste estado mundial.

Era chefe da família um homem por nome Patrício, pagão, espírito medíocre, cuja principal aspiração se cifrava na posse de bens materiais e no brilho das glórias mundanas. Descendente, talvez, dum antigo legionário romano, herdara dos seus maiores uma modesta propriedade na cidade de Tagaste e ocupava um cargo na Prefeitura local.

Sua esposa, Mônica, era bem o avesso de Patrício. Se jamais existiu "incompatibilidade de gênio", então foi nesse matrimônio, tão profundamente heterogêneo. Nesses tempos era o noivo escolhido pelos pais e impingido à jovem, que não tinha voz ativa nessa importante decisão da sua vida.

Mônica, de estirpe púnica, filha talvez de distinta família cartaginesa, era cristã, e revela-se-nos, através de tudo que dela sabemos pelos escritos do grande filho, inteligência lúcida, alma de forte sensibilidade, coração dotado de grande potência afetiva.

Parece que a esposa de Patrício não encontrou na vida conjugal o necessário desafogo para a potencialidade de sua alma feminina. Insatisfeita como mulher, tornou-se sublime como mãe. Procurou no amor materno um substituto para o amor conjugal deficiente. Concentra num de seus filhos toda a afetividade — que não encontrara no coração do marido.

Sabemos de dois filhos e uma filha desse casal. Navígio parece ter sido o mais velho dos três. Por que concentrou Mônica o seu amor precisamente no segundo filho, e não em Navígio ou na filha?

Insondáveis mistérios da afinidade, ou, se preferirem, da polarização dos espíritos. Não sabemos quais os elementos que se atraem, e quais os que se repelem, no mundo psíquico. Será como na eletricidade, onde polos iguais se repelem e polos desiguais se atraem? Neste caso, a chamada "afinidade" teria precisamente por base a diferença, a heterogeneidade dos caracteres, que se uniriam como complemento um do outro.

Tem-se dito — e muitos casos históricos o confirmam — que os grandes gênios da humanidade são, geralmente, filhos de lares profundamente desarmonizados.

No caso que assim seja, compreende-se o porquê desse fenômeno.

O curso suave e plácido da vida familiar embala a criança, o jovem, na tépida atmosfera dum bem-estar, deixando de ferir certas cordas que dormitam nas profundezas da alma humana — ao passo que as dolorosas tempestades provocadas pela desarmonia doméstica sacodem, abalam, agitam com tal furor o espírito do homem em formação que lhe despertam nas profundezas as potências dormentes, jogando a pobre vítima desse terremoto espiritual ao meio do campo de batalha da vida humana.

A alma juvenil que acorda num lar infeliz volta-se desde cedo para as realidades circunjacentes, em busca dum paraíso que a sorte adversa lhe negou no seio da família. É uma plantinha que, em vez de medrar pacificamente na tépida atmosfera dum jardim cuidadosamente cercado e cuidado, é obrigada a lutar, à beira da estrada, com impiedosos vendavais e suportar as intempéries da natureza — clima esse propício à evolução dos grandes heróis da humanidade; e também dos grandes celerados da história...

Gênio do bem — ou gênio do mal...

Sol vivificante — ou incêndio arrasador...

Num ambiente assim nasceu um dos homens mais humanos e mais divinos que a história conhece.

❖

Um recanto da Numídia. Amigo de brinquedos e inimigo dos livros

Murmuram as límpidas águas do rio Bagradas, e, cada vez mais volumosas, vão em demanda do golfo que hoje tem o nome de Túnis.

Espelham-se na vasta superfície do salso elemento as casas maciças de Cartago, um dia poderosa rival de Roma, e, nesse tempo, apenas um empório comercial do Império. De ingentes lutas parece falar o mutismo das ruínas em derredor: do sangrento encontro de Cipião e Aníbal, do passo cadenciado das legiões dos Césares, do drama secular de dois povos a digladiar-se pela hegemonia do mundo.

No ano 146 antes da era cristã rendera-se ao conquistador a histórica metrópole da África, romântico cenário dos trágicos amores de Dido e Eneias. Reconstruída pelos romanos, apresentava Cartago aspecto mais moderno; faltava-lhe, porém, aquele vetusto misticismo pré-histórico, que parecia dormitar ainda sob o verde musgo que cobria os blocos de granito dispersos pelas encostas das montanhas circunvizinhas.

Tombara a capital da África sob o furor das catapultas e dos aríetes romanos; mas as vastas regiões da Numídia resistiram ao tirânico invasor.

Só um século mais tarde (46 a.C.), após a batalha de Tapsus, conseguiram os Césares ocupar definitivamente a província da Numídia (hoje Constantine, na Argélia).

Quebrado o principal centro de resistência, poucos anos depois, em 34 a.C., dominaram as águias do Capitólio todo o norte do continente, zona então chamada Mauritânia (hoje Marrocos).

Decorreram séculos de intenso labor cultural.

À medida que o gênio construtor de Roma organizava essas regiões riquíssimas, semeando em campos adubados de sangue e de lágrimas os germes da civilização ocidental, percorriam os arautos do Nazareno, sem armas nem dinheiro, as cidades e aldeias do vasto continente, espalhando ideias em flagrante contraste com o espírito da época.

No seu curso superior, banha o rio Bagradas (hoje Oned Medjerda) uma cidadezinha que os habitantes púnicos e os conquistadores europeus chamavam Tagaste, e os nativos de hoje apelidam de Souk-Ahras.

Do importante porto setentrional Hippo-Regius partia uma estrada geral, rumo sul, para Teveste, onde começava o mistério do deserto.

Os tempos modernos lançaram pelo leito dessa antiga estrada de rodagem as paralelas duma via férrea, que vai de Bone (a Hippo-Regius dos Romanos, e nossa Hipona) à atual Tebessa (Teveste), cortando, na sua primeira metade, a aldeia de Souk-Ahras (Tagaste), onde uma ponte de ferro lhe faculta passagem sobre o Oned Medjerda (Bagradas).

Quantas vezes não terá esse rio levado sobre o seu dorso as frágeis barquinhas de cortiça que uma criança não menos frágil fabricava e lançava às ondas, contemplando-as na sua célere viagem a ignotas regiões!

No topo duma das colinas arredondadas que circundam o planalto de Tagaste, verdejava farto vinhedo, por detrás do qual alvejavam os muros duma casa modesta, onde residia o casal Patrício-Mônica.

* * *

No dia 13 de novembro de 354 achava-se em festa o lar no alto do outeiro. Aparecera mais um bebê... Era o segundo pimpolho de Mônica, a qual contava apenas vinte e dois anos de idade.

Após alguma discussão, foi dado ao recém-nascido o nome latino Aurelius Augustinus, nome em que parece vibrar uma discreta saudade de Patrício, descendente de algum antigo legionário dos Césares. Marcus Aurelius, Caesar Augustus — dois nomes gloriosos e queridos ao coração de todo militar romano orgulhoso do imperador-filósofo e do imperador-soldado. Por que não podia um nome ilustre ser presságio de futura celebridade?... Não é que a fé num excelso ideal costuma ser o berço duma grande realidade?...

Com estranheza ouvirá o piedoso leitor que o menino não foi batizado, ele, filho de "santa Mônica"... Mais tarde, chegado ao uso da razão, resolveria Agostinho por si mesmo se queria abraçar o diluído paganismo do pai ou o nítido Cristianismo da mãe.

Nesse tempo, não era ainda costume batizar crianças; nem João Batista nem Jesus conheciam batismo de crianças. O conceito de "pecado original" é totalmente alheio ao Evangelho do Cristo.

Mônica, porém, mui dentro de sua alma, estava convencida de que seu filho acabaria por abraçar espontaneamente o Evangelho do Cristo. Uma voz íntima dizia-lhe que a alma de seu Agostinho era "naturalmente cristã", como dissera seu grande patrício Tertuliano.

Na igreja cristã da África, como em muitas outras partes, vigorava a praxe de conferir o batismo aos adultos, mas não às crianças.

Jesus, que tão carinhosamente abraçou as criancinhas da Palestina, não terá olhado com amor também para o filhinho pagão de Mônica, como olhou para as crianças israelitas do seu tempo? "De tais é o reino dos céus."

Por então, só foi traçado na fronte de Agostinho o sinal da cruz — e a criança fazia parte do número dos "catecúmenos".

E catecúmeno ficaria por mais de trinta anos.

* * *

Nas suas *Confessiones* refere-se o autor à primeira quadra da sua vida, e ele, o profundo filósofo e preclaro metafísico, sabe descrever episódios da sua infância com tão ingênua simplicidade e ternura como uma mãe a contar os primeiros passos de seu filhinho.

"Era eu uma criança de peito", diz ele, "que se conservava quieta, quando se sentia bem, e chorava quando lhe doía alguma coisa. Depois, comecei a sorrir, primeiro em sono, mais tarde, acordado. Com o tempo cheguei a dar conta de mim, sabia onde estava. Para manifestar os meus desejos, agitava as pernas e as mãozinhas e gritava a valer".

Não lhe despertara ainda a razão, confessa Agostinho, e já ouvira inúmeras vezes, dos lábios de sua mãe, o adorável nome de nosso divino Salvador.

Traçado assim em carta branca, não podia o nome de Jesus apagar-se jamais da alma do ardente africano, embora viesse, mais tarde, a obliterar-se por longos anos, ofuscado pelas paixões e pelos fogos-fátuos das glórias mundanas.

É esta uma das mais tristes e também das mais consoladoras leis da psicologia: chegará a vingar um dia o que foi semeado na terra virgem da alma humana. Nada se perde. Parece que estas primeiras sementes lançadas à alma ainda incolor, amorfa e vácua, formam nela potências dormentes que, passado o período de hibernação, aparecem como forças atualizadas, como valores reais em estado consciente e vígil.

Pode o despertar dessas energias dormentes ser para o homem um cataclismo destruidor — e pode ser também uma epopeia construtora de maravilhas. Tudo depende da natureza dessas energias.

Em princípios do nosso século, foi um cientista ao Egito desenterrar o sarcófago duma múmia. E encontrou ao lado do cadáver mumificado grãozinhos de cereais, que nesse ambiente recluso haviam dormido milhares de anos. Plantou-os — e eis que os grãozinhos brotaram.

Ainda criança, adoeceu Agostinho. Oscilou por diversos dias entre a vida e a morte. Lembrou alguém que o menino, antes de morrer, devia ser batizado. Entretanto, mal passou o perigo, e novamente foi adiado o batismo.

"Dizia-se", escreve Agostinho nas *Confessiones*, "que eu, mais tarde, fatalmente, me mancharia com pecados, enquanto me durasse a vida, e que seria maior e mais funesta a minha culpa se, depois de purificado, tornasse a cair no lodaçal do pecado".

"Dilata est mundatio mea, quasi necesse esset ut adhuc sordidarer, si viverem."

* * *

Tagaste era, nesse tempo, um dos notáveis centros comerciais da Numídia, zona riquíssima em madeiras de lei, em cereais, ótimos vinhos e outros produtos agrícolas. Ali, no vasto mercado à margem do Bagradas, confluíam os negociantes das províncias limítrofes. Os pastores de Aurés com seus rebanhos de gado; os fabricantes de artigos de couro e de palha; os vendedores de tâmaras do Saara, mármores de Simithu — tudo isso era exposto à venda no empório de Tagaste.

A cidade natal de Agostinho não era talvez uma "cidade maravilhosa" segundo o nosso modo de ver hodierno; mas possuía algumas vias públicas que faziam jus ao título de avenidas ou alamedas. Nem lhe faltava uma esplêndida galeria ou colunata. Na vizinha cidade de Tubursicum foram escavados restos dum teatro, dum fórum e dum *Gymnasium* (estádio para exercícios físicos) — e por que não teria Tagaste possuído semelhantes melhoramentos?

* * *

Cada idade da vida humana tem o seu "centro de interesses".

Na infância e adolescência prevalecem os fatores que se referem ao desenvolvimento do organismo e dos sentidos. Comer e brincar — são os valores máximos da anteprimavera da vida.

Mais tarde, terminada mais ou menos a fase construtora do Eu, aparece nos horizontes da vida um Tu. Começa o período social. Sente o jovem a sua solidão. Sonha a donzela com um amigo que a compreenda e ampare. Desperta o amor, faz-se mister garantir-lhe a subsistência e prosperidade — e prepondera então na vida humana o elemento econômico. O homem, chefe de família, torna-se cada vez mais negociante.

Nesta altura da vida, em plena posse do Eu e do Tu, na posse dos elementos que garantem a vida e seus possíveis encantos, começa o homem pensante a sentir quase sempre, com crescente nitidez, a veemência, o clamor dos magnos problemas da vida espiritual, as dolorosas esfinges da metafísica e as profundas revoluções do próprio Eu.

A maior parte das grandes conversões da história incide nesse terceiro período.

Agostinho, em Tagaste, achava-se ainda na primeira fase. Dormitava ainda a sua alma infantil no paraíso da ignorância dos campos de batalha que, bem cedo, o arrastariam a lutas interiores.

Brincar, jogar, correr, divertir-se, ver coisas bonitas e novas, cenas movimentadas, de forte colorido, aventuras sensacionais — tudo isso é o eldorado da criança sadia e normal. É o prelúdio do trabalho físico, intelectual e moral que aguarda o homem futuro — é, a bem dizer, esse mesmo trabalho em forma embrionária. Querer proibir à criança esse ambiente infantil seria tão absurdo e irracional como vedar ao jovem o amor, ou interditar ao homem maduro a atividade intelectual e comercial.

Em casa de Mônica, felizmente, reinavam a inteligência e o bom senso.

Agostinho foi uma criança, em todo o sentido da palavra.

* * *

Aos seis anos transpôs Agostinho o limiar do primeiro santuário do humano saber.

E — para consolo de muitas celebridades — revelou-se péssimo aluno de escola primária.

Coisa estranha! A maior inteligência filosófica do século foi o desespero do mestre-escola de Tagaste.

Entretanto, luminosa lição teria sido para os mestres esse fracasso escolar do pequeno Aurelius Augustinus, se eles tivessem tido o necessário critério para compreender a lição do aluno — e a sua própria insensatez...

A alma da escola de Tagaste era a vara, o terror, o espantalho do castigo.

Desde o dia em que o cachopinho transpôs pela primeira vez os umbrais da escola e defrontou com o seu primeiro mestre, encheu-se-lhe a alma sensível de tanta repugnância aos livros que jurou guerra de morte a esses emissários papiráceos de Satanás — ele, que, mais tarde, escreveria uma verdadeira biblioteca de obras imortais.

"*Unum et unum duo, duo et duo quatuor — odiosa cantio mihi erat; et dulcissimum spectaculum vanitatis equus ligneus plenus armatis, et Trojae incendium, atque ipsius umbra Creusae*: um mais um são dois, dois mais dois são quatro — que odiosa cantilena me era isto! e que dulcíssimo espetáculo de vaidade aquele cavalo de madeira, repleto de gente armada, aquele incêndio de Troia, e a própria sombra de Creusa."

A bola de jogo, a corda de pular, os barquinhos de cortiça ou de papel, as corridas pelas montanhas, a caça aos passarinhos, as artes dos prestidigitadores, a natação no rio Bagradas — isto, sim, era vida para ser vivida! Finalmente, porém, aprendeu a ler, escrever e contar sofrivelmente — sabe Deus com quantas lágrimas e à custa de quantas marcas lívidas deixadas pela vara pedagógica nas carnes do frágil corpinho.

"Apanhei muito", confessa Agostinho na sua autobiografia, rememorando esse período. Quando via o professor empunhando o ominoso instrumento de suplício, tremia o menino em todo o corpo, e, como diz ingenuamente, punha as mãozinhas em oração

e todos os dias pedia a Deus que o preservasse do castigo. "Livrai-
-nos do mal" — estas palavras com que a mãe terminava, todas as
noites, a oração dominical faziam surgir aos olhos da débil criança
o maior dos males que ela conhecia de ciência própria — a vara
ou a correia de couro do mestre-escola.

*"Puer, coepi rogare te, Domine, auxilium et refugium meum...
rogabam te parvus, non parvo affectu, ne in schola vapularer*: ainda
menino comecei a rogar-te, Senhor, auxílio e refúgio meu... rogava-
-te, em pequeno com não pequeno afeto, para que não apanhasse
na escola" (*Conf.* IX, 14).

* * *

Foi nesse tempo, parece, que se formou na alma de Agostinho
um estranho "complexo" — como diriam os psicanalistas — complexo que, mais tarde, quando moço, o levou a desprezar soberana-
mente todo e qualquer vínculo de ordem e disciplina como injustiça
e tirania. Se a vara do professor era a encarnação da crueldade e da
injustiça, como à criança dizia uma instintiva intuição, por que não
taxaria o jovem de prolongamento dessa mesma tirania a proibição
materna de gozar o que se lhe afigurava deleitoso? Um atentado
aos sagrados direitos da personalidade!...

A coação externa, sem a competente motivação interna, pode
ser para o educando, como para todo homem, ocasião de funesta
ruína; pode dar em terra com todo o edifício dos valores éticos da
sua vida. Em última análise, a única norma dos nossos atos é a
consciência — a voz de Deus dentro do homem —, suprema ins-
tância nesse perene litígio entre o lícito e o ilícito, entre o pecado
e a virtude, entre o bem e o mal. A formação da consciência é o
primeiro e último postulado de toda a pedagogia.

Do que Agostinho nos diz em suas *Confessiones* depreende-se
que não se sabia ainda na escola de Tagaste o que fosse ensino e
educação individual. Todos os alunos eram tratados da mesma
forma, passados pelo mesmo chavão, aferidos pela mesma bitola,
como se as almas e inteligências fossem mercadorias em série.

*"Non deerat, Domine, memoria vel ingenium, quae nos habere
voluisti pro illa aetate satis; sed delectabat ludere; et vindicabatur
in nos ab eis qui talia utique agebant. Sed majorum nugae negotia
vocantur; puerorum autem talia cum sint, puniuntur a majoribus*:
não me faltava, Senhor, memória ou engenho que, para aquela

idade, te aprouvera dar-me suficiente; mas era deleitável brincar; e eu era castigado por aqueles que não deixavam de fazer outro tanto. Mas as farsas dos adultos chamam-se negócios, ao passo que os meninos, quando se entregam a elas, apanham dos adultos" (*Conf.* IX, 15).

Possuímos numerosos painéis sobre santo Agostinho — e nenhum sobre o pequeno Agostinho, aluno da escola elementar de Tagaste, ou, como ele diz, sua "penitenciária".

Seria interessante representar uma escola africana do quarto século: meninos bronzeados, cabelo de azeviche, sentados em tamboretes, ou acocorados em esteiras e tapetes, como ainda hoje se vê em certas escolas da Arábia e da Turquia. Qualquer casa, barraca ou paiol servia de condigno local para instalação desses primitivos templos do humano saber.

Mais tarde, quando na alma do pequeno númida despertou o patriotismo afro-latino, gostava ele de tomar parte em certos jogos e certames que a meninada de Tagaste e de outras cidades organizava, brincando de romanos e cartagineses, de gregos e troianos, de Aníbal e Cipião, de Aquiles e Heitor, etc. Muitos desses entretenimentos eram brutais, degenerando, não raro, em verdadeiras brigas e lutas físicas travadas com projéteis de paus e pedras.

Em casa, estava a educação de Agostinho a cargo exclusivamente de Mônica. Patrício não se interessava por semelhantes coisas. Contanto que o filho conseguisse galgar, um dia, elevada posição social, conquistasse honras e glórias, todo o resto lhe era indiferente. O pai tinha ilimitada confiança nos dotes naturais e na ambição do pequeno.

Eram realmente notáveis esses dotes. Com extraordinária facilidade e presteza apreendia o menino qualquer pensamento, quando não ameaçado pelo fantasma do castigo físico. Compreendia mais em virtude duma intuição imediata do que pelo processo lento e complicado do silogismo. As suas ideias lembravam intensos lampejos de gênio, e não tranquilas lâmpadas de homem talentoso.

Já nesse tempo, como se vê, era Agostinho mais platônico do que aristotélico.

Nenhum homem se torna o que não é. O que desde o início não está dentro do homem, em germe e virtualmente, não se pode nele manifestar em evolução e plenitude. Todo homem já é em potência o que mais tarde será em ato.

O pequeno Agostinho sentia também nas veias um quê de aventureiro. Gostava de reunir em torno de si um bando de garotos da sua idade e chefiá-los para a pilhagem de alguma horta repleta de sedutoras árvores frutíferas. Quanto maior o perigo, mais interessante a aventura. Invadia a despensa da casa paterna e distribuía previamente gulodices aos camaradas, a fim de estimulá-los à coragem e à intrepidez. "Viver perigosamente", diria Nietzsche.

Se outro fora o destino, outro o ambiente de Agostinho, quem sabe se, em vez dum luminar do Cristianismo, não teria dado um famoso caudilho de bandidos, tipo Lampião, ou então um segundo Aníbal...

* * *

Inteligente e perspicaz, não deixava o menino de perceber a lamentável discórdia que separava as almas de seus progenitores. Todos os bons conselhos que Mônica lhe dava, todas as piedosas recomendações tendentes a fazê-lo amar as virtudes cristãs, eram varridas do espírito do filho pelo exemplo de Patrício.

Assim atingiu Agostinho o décimo segundo ano de vida, com o espírito atulhado dum caos de conhecimentos desconexos, e a alma repleta duma babel de conceitos morais em conflito uns com os outros.

E, ainda por cima, estava o rapazinho disposto a desdenhar radicalmente tudo quanto se chamasse ciência e virtude.

Nem o pai nem a mãe valeram mostrar-lhe o caminho da vida — Agostinho ia descobrir por si mesmo essa maravilha, que tão promissora lhe sorria.

E lá se foi, mar em fora, a frágil barquinha, sem bússola nem leme!...

❖

Madaura. Prelúdios do amor

Seguindo a ótima estrada estratégica Hippo-Tagaste-Teveste, chegava o viandante do quarto século, poucas horas depois de deixar Tagaste, a uma cidade situada num vasto descampado, da qual restam apenas umas escassas ruínas — fragmentos de mausoléus, pedras dispersas duma fortaleza bizantina, e pouco mais.

É o berço e o túmulo de Madaura.

Foi ali que Agostinho cursou o Ginásio, se assim se pode dizer. E foi também ali que principiou, propriamente, a dolorosa odisseia desse arrojado e inquieto bandeirante da verdade.

Tagaste era um idílio de luzes e sombras, um misto de escalvadas cúpulas de montanhas e luxuriantes vargedos.

Madaura tinha um quê de épico e de trágico ao mesmo tempo. Aquela atmosfera saturada de luz solar; o longínquo anfiteatro rochoso do Aurés cingindo imensas planícies de precária vegetação; para o leste, as estranhas silhuetas duma cordilheira a recortar as linhas do horizonte; para o sul, uma desordenada sucessão de colinas lembrando pirâmides, monstros pré-históricos ou gigantescos tubos de órgão, em que os ventos do deserto soluçavam as suas tristes elegias — tudo isso era de molde a encher a alma de meditação, de silêncio, de nostalgia e de eternidade...

Tagaste parecia um sorridente presépio para crianças inocentes — Madaura era uma esfinge cujos olhos hirtos interrogavam o Infinito...

Nesse cenário africano, feito de espaços e de luzes, despertou a alma de Agostinho do sono hibernal da infância para a vigília da doce e amarga realidade.

O coração vibrátil do adolescente soube amar quase com a mesma paixão os sempre antigos e sempre novos encantos da Natureza com que, pouco depois, o jovem estudante de Cartago se enamoraria de voluptuosos corpos femininos, e, mais tarde, o místico de Milão e Hipona abraçaria a imortal formosura da intangível Divindade...

"Se as coisas sensíveis não tivessem alma", escreve ele, no apogeu da sua espiritualidade, "não as poderíamos amar com tanto ardor".

Paulo de Tarso, desde que contemplou as belezas do céu, na pessoa do Cristo redivivo, esqueceu-se de quase todos os encantos da terra; a sua teologia é árida, abstrata, longínqua, superterrena, nada poética; empalideceram-lhe todas as auroras do mundo aos fulgores meridianos do Cristo, rei imortal dos séculos...

Bem diverso é o gênio de Agostinho; nunca deixou de ser poeta no meio das suas especulações filosóficas e místicas; jamais conseguiu a inteligência, por mais poderosa, asfixiar-lhe o coração. As suas obras estão repletas de imagens, cenas, episódios colhidos na sorridente e nostálgica natureza da pátria. Neste particular, parece-se o poeta filósofo da Numídia mais com o divino Rabi da Galileia do que com o apóstolo-teólogo da Cilícia.

O Evangelho do Nazareno é, quase todo ele, uma epopeia de maravilhas poéticas. Mais numerosas que os anos da sua vida são as imortais parábolas que lhe brotaram dos lábios. Vão para diversas centenas as lindas alegorias que, quais centelhas de luz, saltaram da sua preclara inteligência e vivaz imaginação.

De modo análogo, Agostinho. As suas obras são sempre modernas, porque tecidas das luzes da inteligência, das cores da fantasia e dos perfumes do coração.

Agostinho é, antes de tudo, o cantor da luz, o poeta da claridade solar. Ninguém como ele soube descobrir nas ondas luminosas, que vibram no universo, tão belas e verdadeiras analogias com a eterna e increada luz da Divindade.

"Deus é luz, e não há trevas nele", escreve o apóstolo do amor.

O que os olhos de Agostinho bebiam avidamente, na taça imensa daquela tépida atmosfera da Numídia, ainda não era dado, então, à sua alma sedenta de verdade, mas ainda sepulta nas trevas do erro e do pecado. Só daí a uns decênios seria o veemente heliotropismo dessa "alma naturalmente cristã" satisfeito definitivamente.

* * *

Pela primeira vez, lá entre os doze e os treze anos, começou Agostinho a gostar dos livros. Reconciliou-se com esses seus inimigos mortais da escola primária de Tagaste. Descobriu a alma do livro — e tornou-se um grande amigo do livro.

Despertou-lhe em Madaura a inteligência, porque lhe despertara o coração.

Agostinho é o tipo clássico do intelectualista afetivo. Melhor do que ninguém compreendeu ele, porque profundamente o sentiu, que não pode se compreender integralmente o que não se ama ardentemente. As verdades mais evidentes continuam obscuras e paradoxais quando não simpáticas ao coração, e digamos cruamente — à carne e ao sangue. Por outro lado, pode uma doutrina ser um aborto de estupidez e de contrassenso, quando lisonjeia ao coração e à carne, é abraçada por milhares de homens e proclamada como suprema conquista da humana sabedoria.

* * *

O que se lecionava no Ginásio de Madaura era, de preferência, literatura e retórica.

Homero e Virgílio, esses corifeus da poesia helênica e latina, eram os autores favoritos desses estudantes africanos romanizados.

Agostinho não conhecia a língua grega, e nunca chegou a aprendê-la com perfeição. Faltava-lhe a necessária perseverança para decorar verbos irregulares e essas mil e uma graciosas particularidades de que é riquíssimo o idioma da Ilíada. De mais a mais, um romano às direitas, como ele se sentia, pouco simpatizava com o gênio da Hélade. O filho do Império Romano — esse império que abrangia a Europa, a Ásia e a África — considerava o mundo como sua pátria, e não compreendia o espírito doméstico e bairrista do grego, que girava com maternal carinho e solicitude em torno duma pequena nesga de terra, ao sul do continente europeu, nesga a que chamava seu torrão natal. Muito menos compreendia o autêntico romano aquela pedantesca meticulosidade com que certos escritores helenos esmiuçavam pachorrentamente ocorrências de interesse exclusivamente local. Essas teias e filigranas da poesia regionalista de Atenas não harmonizavam com o caráter universalista de Roma. O autor latino escrevia para o mundo, para os habitantes de todos os meridianos, longitudes e latitudes do maior império que já existiu sobre a face da terra.

Assim foi que Agostinho deixou quase de parte as obras do imortal Homero e seus colegas, e apaixonou-se literalmente pelo autor da *Eneida*, pelo cantor dos amores infelizes da rainha Dido e das mirabolantes façanhas de Eneias.

Também, como podia um filho da África deixar de simpatizar com uma obra clássica em que aparecia, aureolada de todos os fulgores do romantismo, a lendária fundadora de Cartago, soberba metrópole do vasto continente?

Acabava Agostinho de dar o último adeus à infância, e dispunha-se a entrar no mundo incógnito da adolescência, rumo aos mares deliciosamente revoltos da puberdade. Estava no limiar daquele período de transição em que o jovem se sente tomado de ruidosa alegria e de inexplicáveis saudades...

Mundos de indefiníveis contornos, sentimentos de amor sem objeto, nostalgias sem motivo, anseios imponderáveis, vigílias de lágrimas inconscientes, imensa necessidade de amizade, de compreensão, sonhos tecidos de feitos cavalheirescos, incertos desejos de aventuras a serviço dum ideal ignoto — tudo isso se agitava, fervia e turbilhonava na alma virgem do adolescente de Madaura...

O coração de Agostinho era como uma dessas gavinhas das trepadeiras que tateiam no ar, incertas, ansiosas, à procura de algo a que se possam agarrar...

Nas páginas da *Eneida* encontrou o filho de Mônica a definição consciente daquilo que, obscura e crepuscularmente, lhe fervia no subconsciente.

Enamorou-se, apaixonou-se delirantemente pela obra imortal do poeta mantuano, porque descobrira o próprio Eu na obra de Virgílio.

E quem descobre o Eu descobre a chave para todos os universos...

Amou, chorou, sofreu, profunda e intensamente, com a rainha de Cartago.

Graças à sua extraordinária capacidade de adaptação e identificação psíquica, reviveu Agostinho, na mais palpável realidade e com todo o ardor da sua natureza tropical, os episódios descritos pelo grande poeta.

Entrou, com Aquiles, no cavalo lígneo...

Assistiu, apavorado, ao incêndio de Troia...

Presenciou a fragorosa derrocada do reino de Príamo...

Fugiu com o impávido Eneias...
Errou com ele por terras e mares...
Com ele aportou ao litoral da África, exausto, heroico...
Viu emergir por entre as brumas do mistério o gracioso perfil da princesa fenícia...
Sentiu as chamas do amor apoderarem-se de duas almas...
Viu Eneias alimentar no coração de Dido o incêndio voraz da paixão...
O jovem estudante de Madaura apaixonou-se, na pessoa do fugitivo de Troia, pela sedutora cartaginesa...
Cingiu-a nos braços...
Ardeu no fogo infernal da mais intensa volúpia...
Sofreu com Dido a dor imensa da despedida...
Sentiu arquejar o peito sob as ânsias do desespero...
Viu o aventureiro sumir-se ao longe, na vastidão do Mediterrâneo...
Viu, nos olhos da tresloucada amante, o fogo da revolta contra o Destino...
Viu reluzir o punhal mortífero nas mãos da suicida...
Viu tombar aquele corpo feminino, banhado numa onda rubra...
E a alma de Agostinho tombou com a de Dido, aniquilada de dor, de amor, de revolta...
Tornou-se Agostinho um clássico da língua de Virgílio, porque classicamente amou a obra de seu autor predileto.

Vai esta nota característica por toda a vida e por todas as obras do grande africano, ainda que, mais tarde, fossem as "Didos" — as do livro e as da vida real — substituídas por outros alvos afetivos: Agostinho soube sempre compreender integralmente e viver fulgurantemente o que intensamente amava.

O coração foi para ele o chaveiro da inteligência e da vida.

* * *

Entretanto, não era a poesia o conteúdo único do programa escolar de Madaura. Era cultivada também, e com grande esmero, a arte oratória. Exprimir em forma graciosa os seus pensamentos e por meio deles arrebatar o público passava por um ideal digno dos melhores esforços.

Em sua autobiografia caracteriza Agostinho, não sem ironia, um desses mestres de eloquência, pondo-lhe na boca as seguintes palavras:

"Aqui aprendem-se palavras! Aqui se adquire a arte de falar, arte indispensável quando se trata de violentar a verdade e adulterar o sentido dos conceitos!"

Uma vez saboreado o doce veneno do amor e da paixão sensual, atirou-se o estudante imberbe a todas as obras latinas em que o amor e o gozo são apregoados como a suprema razão de ser da vida humana. Embora não o satisfizessem, talvez, nesse período pré-púbere, as desbragadas comédias de Plauto e Terêncio, que glorificam os mais vergonhosos excessos do humano carnalismo, certamente devorou com delícias as elegias, tragédias e epopeias clássicas que exaltam o estonteante martírio do "amor alexandrino". Agostinho leu e viveu as obras de Catulo, Propércio, Tíbulo, Ovídio, etc.

A leitura de *Ariadne* deflagrou novamente a labareda do amor sensual e contaminou talvez mais a alma do jovem do que fizera a *Eneida*, porque nessa obra nenhum arrependimento redime a criminosa ilusão do amor.

* * *

Nesse tempo não atingira Agostinho ainda o período da puberdade propriamente dito. O seu amor era ainda, por assim dizer, intransitivo, impessoal. Não amava em concreto nenhuma das sedutoras beldades de Madaura que diariamente lhe cruzavam os caminhos e com olhos famintos pediam aquilo que lhe prometiam. O estudante amava-as todas em globo, mas o seu amor era ainda neutro, incolor, disperso; ainda não se cristalizara na irresistível veemência duma paixão definida, personificada numa determinada Circe ou Beatriz.

Entretanto, esse prelúdio da primavera do coração; esse delicioso adivinhar de coisas que ainda não se conhecem de ciência própria; essa ansiosa expectativa dum mundo por descobrir; esse amor em germe, intransitivo, imanente, aljofrado ainda da suave ignorância matinal — é talvez a parte mais bela e inebriante de toda essa epopeia afetiva, cuja poesia sucumbe tantas vezes ao prosaico realismo da vida.

Agostinho vivia, nesse tempo, o período dos sonhos felizes.

Se este homem, mais tarde, fala em amor e gozo, fala "de cadeira", fala de ciência própria. E se ele, no auge da sua virilidade e no apogeu da sua vida intelectual e espiritual, encontrou algo ainda mais digno de ser amado, apaixonadamente procurado e ditosamente possuído do que as maiores amabilidades da terra — então podemos ter plena fé em sua sinceridade, porque deve ser realmente precioso o objeto do amor dum coração que tão humanamente amou como talvez jamais homem algum soubesse amar.

❖

Férias em Tagaste

Contava Agostinho entre quinze e dezesseis anos, quando terminou as "Humanidades" em Madaura.

Os pais, orgulhosos da peregrina inteligência do adolescente, resolveram facultar-lhe estudos acadêmicos em Cartago. Mas... esses estudos exigiam dinheiro, muito dinheiro, e as finanças da família não andavam muito folgadas.

Por isso, teve Agostinho de voltar à casa paterna e fazer férias até que houvesse recursos para poder iniciar os estudos superiores na metrópole do país.

Fora a Madaura um menino, pagão mais ou menos inconsciente — voltou de Madaura um rapaz, pagão pleniconsciente.

O ano de férias e de expectativa que Agostinho passou em Tagaste pode ser qualificado como o período mais mundano, mais tolo e vazio de toda a sua existência. Nada fez que valesse alguma coisa do ponto de vista intelectual, cultural, científico — para não falar do terreno espiritual. Foi um tempo negativo, infeliz, humanamente indigno — tão vazio como a vida de milhares de rapazes das cidades, praças, praias e salões do século XX. Felizmente, dormitava sob as cinzas e o pedregulho dessa aparente nulidade um vulcão de estupendo potencial — o que nem sempre acontece com os nossos "Agostinhos" de hoje...

Estava o inteligente literato e *rhétor* de Madaura a pique de dar um exímio *playboy*, quando não um perigoso caudilho de bandidos e anarquistas. Ria-se abertamente das advertências de Mônica.

Patrício, este deixava-o perfeitamente em paz, embora mostrasse umas veleidades de Cristianismo, tanto assim que se fizera inscrever no rol dos catecúmenos da igreja de Tagaste. E por que não ser candidato ao batismo, quando, já nesse tempo, quase toda a cidade era cristã, e a religião do Nazareno dava melhores esperanças para uma boa colocação do que o paganismo decadente?

Em todos os tempos tem havido homens que da religião fazem trampolim para a satisfação das suas ambições e de interesses pessoais.

Agostinho aparecia em casa apenas para as refeições e de noite, altas horas da noite — se é que aparecia. Sem trabalho, passava os dias e grande parte da noite nas ruas, nas tabernas, em cavalgadas, jogos, reuniões de amigos e amigas.

Uma vez dado o primeiro passo nesse plano inclinado, não era possível parar a meio caminho. Pois é da íntima natureza de toda paixão ser totalitária, extremista, tirânica; não se contenta com meias medidas — ou tudo, ou nada. E principia então este conhecido e funesto círculo vicioso: o desejo leva ao gozo; o gozo gera novo desejo, tanto mais intenso quanto mais voluptuoso. E assim é que o desejo potencializa o gozo, e o gozo intensifica o desejo, numa progressão indefinida, até levar o pobre escravo da carne a um completo descontrole de si mesmo, a um descalabro moral, acabando num perigo social.

Se o instinto não fosse uma potência essencialmente irracional e privada de liberdade, seria fácil canalizá-lo, assim como no animal aparece circunscrito a certos limites e discretamente orientado pela própria natureza orgânica. No homem, porém, ocupam a inteligência e a vontade o lugar desse instinto regulador. Mas, como nem sempre o homem sabe ser bastante homem para entregar as rédeas do governo às faculdades especificamente humanas — inteligência e vontade —, resulta daí essa repugnante caricatura, essa infra-humana e anti-humana monstruosidade que é o homem tiranizado por uma potência orgânica que devia ser obediente e bem disciplinada servidora da personalidade integral.

Todas as vezes que uma força ou faculdade da nossa natureza se afirma a favor de uma "parte" e em detrimento do "todo", degradamos a nós mesmos e provocamos desordem e desequilíbrio na hierarquia cósmica do nosso Ser.

Toda faculdade do homem deve enquadrar-se harmoniosamente no panorama do todo. Nada se deve extirpar, matar, suprimir, eliminar — tudo se deve treinar, disciplinar, canalizar, integrar, pôr a serviço da totalidade da perfeição do homem integral.

Um dia, foram Agostinho e seu pai tomar banho nas termas de Tagaste. Não se inventara ainda esse precário palminho de civilização que se chama calção de banho. Ao saírem da piscina, Patrício, bom pagão que era, correu, cheio de alegria, a contar à esposa que o filho deixara de ser menino, e já era homem. Já se via o pai ditoso avô cercado dum bando gárrulo de esperançosos netinhos...

Mônica, em vez de participar da ruidosa expansão do marido, quedou-se, pensativa, tomada de solicitudes e apreensões. Conhecia o caráter do filho e os perigos que o ameaçavam. Chamou o jovem e, entre lágrimas, lhe suplicou não se entregasse à dissolução, que pelo menos guardasse medida no gozo dos prazeres, que não envenenasse o sangue com meretrizes e respeitasse a esposa do próximo.

Quem está habituado a ouvir falar em "santa Mônica" estranha deveras essa atitude da mãe de Agostinho. Por que não insistiu com o filho que procurasse uma noiva decente e casasse quanto antes? Muitos africanos da sua época, a exemplo dos hindus de hoje, casavam aos quinze ou dezesseis anos.

Mônica não era, nesse tempo, tão cristã que pusesse de parte considerações subalternas e pensasse exclusivamente no "único necessário", a salvação da alma de seu Agostinho. Um casamento prematuro cortaria cerce a brilhante carreira que ela augurava ao filho. Mônica era bastante mãe, e não era assaz cristã para admitir semelhante hipótese. Agostinho tinha de ser, antes de tudo, um homem célebre, um grande orador, uma glória para a família — e Deus providenciaria que não se perdesse sua alma. Ela, a mãe, rezaria muito, choraria muitíssimo, para que o filho querido, um dia, abraçasse o Cristianismo e, depois de alcançada a sonhada celebridade, seguisse os ditames do divino Mestre.

Nutria Mônica essa firme confiança. Tinha fé ilimitada na misericórdia de Deus.

Era também essa a opinião de Patrício, que, certamente, não deixou de influir no espírito da esposa.

O amor feminino de Mônica, como dissemos, não encontrara satisfação cabal no matrimônio. Ela, esposa de Patrício e mãe de diversos filhos, era afetivamente virgem. Estava intata a poderosa reserva de amor que lhe enchia o coração. Não conseguira derramar na alma do esposo — desse homem que lhe haviam dado por marido — as ondas represadas da sua poderosa afetividade feminina. E, por uma inextinguível lei natural, toda potência que deixa de encontrar a sua natural atualização procura manifestar-se de outra forma, realizando em outro terreno o que lhe foi vedado em sua esfera normal.

Mônica, insatisfeita no seu amor de mulher, ama duplamente como mãe, e, por uma misteriosa afinidade psíquica, centralizou todo o seu amor na pessoa do filho mais inteligente e afetivo.

Afetivo? Sim, Agostinho era profundamente afetivo, embora não correspondesse ainda a esse intenso amor materno. Bastante clarividente era a alma de Mônica e dotada de suficiente estesia espiritual para pressentir ou adivinhar que, um dia, os brados do seu amor despertariam eco e correspondência onde, por ora, só encontravam desertos surdos e rochedos duríssimos...

Em seu clássico livro *Confessiones* descreve Agostinho os desvarios da sua mocidade. Descreve-os em cores tão vivas e, não raro, tão carregadas, acusando-se de tamanhas maldades, que o leitor sereno e imparcial chega a desconfiar do valor histórico de certas passagens e tem vontade de defender Agostinho contra Santo Agostinho. Com efeito, quem escreve aquela autobiografia não é o homem, é o cristão, é o santo. Seja embora real o fundo de tudo quanto expõe, é fora de dúvida que, nesse livro, o santo traiu muitas vezes o historiador. Depois de convertido, contemplava Agostinho todos os pecados da sua juventude pelo prisma do seu acendrado Cristianismo, e sente em si o desejo, talvez inconsciente, de se reduzir ao último abismo da depravação moral, a fim de exaltar tanto mais o poder da graça divina, que de tão longe o foi buscar ao seio do Evangelho.

Papini, no seu conhecido livro sobre Agostinho, não considerou devidamente este caráter das *Confessiones*. Chega mesmo ao ponto de querer reduzir o filho de Mônica a um vulgar homossexual invertido, a fim de poder, ao depois, com mais intenso brilho, cingir-lhe a fronte com a auréola de santo.

Nada encontramos nas *Confessiones* do genial africano que justifique esta opinião. Agostinho era um jovem de profunda e ardente sensualidade, que não punha freio aos instintos orgânicos. Mas a sua sensualidade era por demais natural para não descambar ao vício desnatural do homossexualismo. O invertido adultera a própria natureza. Se é homem, se é varão, por que é que deixa de ser o que é para ser o que não é? Tenha ao menos a sinceridade sexual, a lealdade hominal, o brio de ser o que é — e não cometa a repugnante mentira orgânica, o monstruoso paradoxo sexual de adulterar a sua virilidade e inverter os imperativos categóricos da própria natureza...

A Bíblia considera o pecado do homossexualismo como um dos mais horrorosos delitos contra a lei natural e positiva. Foi em castigo desse pecado que Deus destruiu Sodoma, Gomorra, e mais outras cidades — "porque toda a carne corrompera o seu caminho".

Dificilmente, o homem pervertido contaminado no profundo manancial das suas energias vitais e das suas potências creadoras chegará a construir algo de grande e notável para a humanidade — seja no campo intelectual, seja no terreno social, seja na esfera espiritual.

Como levantar edifício sólido sobre ruínas e pantanais?...

Pode o homem sensual prestar grandes feitos, porque a sensualidade não é, em última análise, senão excesso de energias orgânicas. A erótica é uma formidável potência, que pode e deve ser canalizada e disciplinada para efeitos salutares ao homem integral — e impulsionará mundos de estupenda grandeza e sublimidade.

Não é necessário ser freudista para compreender uma verdade tão antiga como a própria humanidade.

O invertido, porém, envenena a própria fonte dessas energias construtoras, neutralizando assim uma poderosa torrente do seu ser, quando a devia dirigir e aproveitar para grandes maravilhas.

Seria injusto nivelar o célebre númida com esses invertidos sexuais e caricaturas da humanidade.

Assaz poderosa aparece a graça de Deus, que do abismo da luxúria normal ergueu um pagão que desse abismo não queria sair.

❖

Carthago Veneris

O brasileiro provinciano que, da solidão dos pampas, dos sertões do *hinterland*, das florestas do norte, ou de outro ponto qualquer do interior, visita pela primeira vez uma das nossas modernas metrópoles queda-se, boquiaberto, estupefato, ante as magnificências desses centros.

Sente-se então mais brasileiro do que nunca.

Adora a sua pátria na esplêndida metrópole.

Aprova em gênero, número e caso tudo quanto Afonso Celso escreveu, tão patriótica e hiperbolicamente, nas páginas de seu livro *Por que me ufano do meu país*. Estas, mais ou menos, devem ter sido as impressões que se apoderaram da alma do jovem Agostinho quando, aos dezesseis ou dezessete anos, fez a sua primeira visita a Cartago.

Trinta anos mais tarde, é verdade, detesta o convertido de Milão os anos pecaminosos que passou na "cidade de Vênus". Não deixa, porém, o leitor de perceber nas entrelinhas de todas as obras de Agostinho a sincera admiração que dedicava à opulentíssima capital, docemente embalada nas águas do golfo de Túnis. Inúmeras vezes, quando bispo de Hipona, visitou ele a encantadora "princesa da África", que lhe fascinava o espírito culto e o coração enamorado de beleza.

Quem consegue arrancar do coração o que uma vez amou sinceramente?

O universalismo afetivo de Agostinho abrangia tudo que era belo, harmônico, esteticamente perfeito. O seu amor masculino é apenas um aspecto de sua alma essencialmente afetiva. Soube tão bem amar a natureza tropical da sua pátria, como os lindos corpos morenos das cartaginesas — e mais de tudo soube amar, mais tarde, as eternas e intangíveis realidades do mundo espiritual.

Cartago foi sempre um dos grandes amores do célebre númida, gentio e cristão.

Cartago era, nesse tempo, uma das cinco grandes metrópoles do Império Romano: Roma, Constantinopla, Antioquia, Alexandria e Cartago. Das cidades marítimas era de todas a mais importante. Se o gigantesco empório de Cartago deixasse de exportar cereais para a Itália — adeus, Roma! Morreria de fome a famosa *urbs*.

* * *

Residia em Cartago um célebre argentário natural de Tagaste, por nome Romaniano, humanitário mecenas de muito estudante pobre, e amigo da família de Patrício e Mônica.

Interessou-se Romaniano vivamente pelo talentoso conterrâneo e facultou-lhe pelo menos parte dos meios necessários para o prosseguimento dos seus estudos. Possivelmente, ofereceu-lhe também generosa hospedagem em sua casa.

Destarte, estavam garantidos os estudos e a subsistência de Agostinho.

Para sua alma, porém, não se encontrou nenhum mecenas. Nem o jovem queria saber de tutor ou mentor. Queria viver, à vontade, viver em toda a plenitude, viver sem entrave nem freio de espécie alguma.

Grande era a sua fome de saber — maior ainda a sua sede de amar.

Agostinho não sabia ainda, propriamente, o que era amar.

Não se sabe o que não se viveu — o que não se sofreu...

O que ele gozara nos últimos anos era primitivo sensualismo. Não era propriamente amor.

Para amar, deve-se ser mais homem que animal. O animal não ama.

O corpo goza — a alma ama.

"Amar, e ser amado", diz ele em sua autobiografia, isto lhe parecia o supremo ideal da vida, a razão de ser da existência.

Agostinho não conhecia ainda o amor, mas já estava, como diz, "enamorado do amor".

"Veni Carthaginem; et circunstrepebat me undique sartago flagitiosorum amorum. Nondum amabam, et amare amabam... Quarebam quod amarem, amans amare, et oderam securitatem et viam sine muscipulis... Amare et amari dulce mihi erat; magis, si et amantis corpore fruerer... Et tamen, foedus et inhonestus, elegans et urbanus esse gestiebam abundanti vanitate. Rui etiam in amorem quo cupiebam capi: cheguei a Cartago; e espumejava em torno de mim, qual caldeira em ebulição, a infâmia de vergonhosos amores. Eu ainda não amava, mas ansiava por amar... Procurava o que amar pudesse, desejoso de amor; detestava a segurança e o caminho sem perigos... Amar e ser amado me era suave; mais ainda quando gozava do corpo do ente amado... E, com ser tão feio e desonesto, eu, no excesso da minha vaidade, fazia questão de aparecer elegante e bem educado. Caí no amor que desejava me cativasse."

"Nondum amabam, sed amare amabam... Amans amare..."

Não há poeta gentio que com tanta paixão tenha cantado o delírio do amor, esse martírio dulcíssimo do coração.

O amor de Agostinho não é esse *diletantismo* amoroso de certos românticos.

Não é essa suavidade langorosa e anêmica de certos poetas dos nossos dias.

Não. O amor de Agostinho tem algo de trágico e de metafísico. Lembra a sinistra veemência dos elementos das forças da natureza. Faz pensar em vendaval, em relâmpago, em terremoto — na própria morte.

Amar é viver — não amar é morrer...

E, não raro, amar é morrer...

Existe um amor mortífero...

O homem, empolgado pela invisível e invencível veemência duma força natural, não sabe se desse titânico amplexo vai sair vivo ou morto; não sabe se o ciclone raptor o arremessará ao seio de Deus ou à geena de Satanás...

O amor é como o Destino de que falam as tragédias de Sófocles.

Agostinho não ama apenas com o coração, com o espírito, com os nervos; ama com todo o seu ser, ama com toda a plenitude da sua personalidade; ama com todas as potências do ego, com todas as energias da virilidade, com todas as tempestades da juventude — e com todas as profundezas de sua alma essencialmente metafísica.

Agostinho crê que o homem nasceu para amar. Crê que o homem que não ama errou o seu destino.

E nessa convicção viveu e morreu o grande pensador, embora compreendesse, mais tarde, que uma potência tão sublime, vasta e profunda como é o amor necessita de um alvo igualmente grande e sublime para poder encontrar sossego e definitiva quietação; pois uma grande potência não pode ser atualizada por uma realidade mesquinha e medíocre.

Aos olhos do jovem provinciano espraiava-se a sorridente metrópole, com todos os deslumbramentos da sua estonteante luxúria — *Carthago Veneris*, como a apelidavam acertadamente os contemporâneos, a Cartago de Vênus...

Quando Agostinho, da gigantesca plataforma do templo de Esculápio, situado no topo da acrópole, contemplava a cidade, tinha a seus pés todo aquele imenso tabuleiro de edifícios, de arruamento quase geométrico, cortado de jardins e pomares, de praças e alamedas, de soberbos monumentos e refrigerantes repuxos. À esquerda ruborizavam aos clarões do poente as águas plácidas do golfo de Túnis, lembrando uma sonhadora laguna veneziana dos nossos dias. Para a direita, o vasto porto coalhado de navios a panejar às tépidas brisas o variegado colorido de seu velame. Para trás, os azulados píncaros do Atlas. À frente, a planície líquida do Mediterrâneo a confundir com a linha do horizonte o mistério das suas águas, para além das quais se adivinhavam os litorais da Sicília.

Oh! como és bela, Cartago, rainha da África!...

A atmosfera da cidade era, geralmente, tépida, amenizada pelas brisas marítimas, voluptuosas carícias a embalarem corpo e alma naquele doce langor que tanto predispõe ao amor e aos gozos sensitivos...

Tudo quanto se via, ouvia e sentia em Cartago era de molde a inebriar o coração e diluir com sutil veneno a vontade e o caráter do homem que não fosse precisamente de bronze e granito.

Por outro lado, não faltavam à metrópole africana notáveis padrões de cultura. Orgulhavam-se os poderosos senhores de Roma de terem feito da sua antiga rival uma das mais belas e confortáveis cidades do mundo.

O anfiteatro de Cartago era do mesmo tamanho que o de Roma. Um aqueduto de 24 quilômetros de comprimento canalizava as fontes do Zaghonan e abastecia a cidade. As termas de Antônio, de Maxímio, de Gargílio gozavam de fama mundial. Numerosos teatros, ginásios, academias e centros de arte e diversão proporcionavam ao povo cultura e grato passatempo.

No campo religioso deparava-se ao jovem númida a mais estonteante babel que imaginar se possa. Adeptos de todas as crenças e crendices, de todos os cultos cristãos e gentios, alardeavam os seus sistemas, digladiando-se encarniçadamente e forcejando por conquistar prosélitos.

Os escritores da época falam em catorze igrejas cristãs em Cartago. Terá Agostinho frequentado alguma elas?

Frequentou-as, sim, como confessa — para ver moças bonitas e convidá-las a um *rendez-vous*...

Os usos e costumes, como se vê, não mudaram muito, do quarto ao vigésimo século.

Afirmavam o campo os cristãos donatistas, chefiados pelo bispo Parmeniano. Ufanavam-se de "católicos genuínos", ao passo que consideravam "bastardos" aos católicos romanos, guiados pelo bispo Genetilo, difamando-os por toda parte como adventícios e intrusos na verdadeira igreja do Cristo.

No período em que Agostinho estudava em Cartago, abjurou o Donatismo o bispo Rogato, de Túnis, o que provocou grande sensação. Mas, ao mesmo tempo, Ticônio, prestigioso orador e escritor, defendia vitoriosamente a doutrina cristã segundo o espírito de Donato.

Que partido tomaria Agostinho, se cada uma dessas facções afirmava e provava ser a única e verdadeira igreja de Jesus Cristo...

Para cúmulo da confusão, surgiu no meio desse caos religioso mais uma seita cristã, sob a bandeira de Manes (ou Mani), religião denominada Maniqueísmo.

Milhares de homens, máxime das classes cultas, aderiram prontamente a esse novo movimento.

Agostinho assistia aos discursos e lia as dissertações dos protagonistas de todas essas correntes religiosas, mas sem abraçar nenhuma delas. Se os mais eruditos chefes se digladiavam e contradiziam uns aos outros, como podia um jovem de dezoito anos decidir entre a verdade e o erro? Não seria melhor ficar à margem de todas as religiões e professar uma espécie de religião universal, e, no mais, gozar a vida quanto possível?...

Independência do espírito, independência da carne — eis o lema do estudante em Cartago!

Com estas ideias jogou-se Agostinho ao sorvedouro da *Carthago Veneris*.

Deliciosa amargura

No meio de seus estudos e amores em Cartago, recebeu Agostinho a notícia da morte do pai.

Nas *Confessiones*, menciona com poucas palavras, como que de passagem, esse fato, que não lhe parece ter abalado a alma.

Quão diferente não viria a ser, mais tarde, a impressão que lhe causaria o falecimento da mãe!

Ainda que, material e economicamente, muito devesse o estudante a seu pai, pouca afinidade existia entre os dois homens no terreno espiritual.

Morrera Patrício — e que seria dos estudos de Agostinho?

Mônica era bastante "homem" para não permitir sofresse prejuízo a formação de seu filho querido. Desde logo, iniciou um sistema de intensa atividade e estreita economia para conseguir os recursos necessários à decente manutenção da família e para facultar ao estudante a permanência na capital.

De Navígio, o filho mais velho, nada ou quase nada sabemos. Os fulgores de Agostinho, parece, eclipsavam as fosforescências de outro astro qualquer.

Felizmente, lá estava também Romaniano, o generoso amigo, que não se esquecia do protegido, em cuja crescente celebridade adorava o poderoso mecenas o próprio ego.

* * *

Agostinho, ainda que empolgado pelo torvelinho duma vida

de amores e aventuras, soube contudo manter sobre si mesmo o necessário controle para não comprometer a sua carreira. Grande era a sua sede de amores, mas igualmente poderosa a ambição de glória que lhe devorava o coração. Se cedesse aos instintos, se esbanjasse em orgias a saúde precária, que seria do seu futuro? Da sonhada celebridade de *rhétor*, de jurista, de magistrado?...

Veio, pois, uma paixão em socorro de outra paixão...

Compeliu o lúcifer do orgulho o demônio da luxúria...

Lançaram os abismos de Sodoma uma ponte para as alturas da torre de Babel...

* * *

Por esse tempo, cristalizaram-se os desordenados e intransitivos amores de Agostinho em um determinado amor transitivo. Fixou a sua paixão amorosa em uma creatura determinada.

Amou uma jovem, e sentiu integralmente retribuída a sua afeição.

Inefável delícia inundou a alma do estudante cartaginês. Por algum tempo ameaçavam as torrentes do amor arrasar todos os diques e represas e dar novo rumo ao inquieto aventureiro, lançando-o às praias tranquilas dum lar feliz e bem constituído.

"Precipitei-me no amor", escreve, "e por ele me deixei algemar".

Entretanto, não tardou a alma de Agostinho a experimentar o que antes e depois dele verificaram milhares de outros homens: por mais que fosse amado, não se sentia amado bastante. É que todo amor é por sua natureza insaciável, ilimitado, infinito. Nunca diz: basta.

Agostinho queria ser amado com infinita veemência, com paixão, com delírio, com um potencial que ultrapassasse todas as raias do possível e atingisse os mais longínquos horizontes que idear pudesse a imaginação no vasto círculo das suas divagações.

E aquela jovem cartaginesa, embora integralmente mulher, possuía, como todas as mulheres, apenas uma potência afetiva. Era ardente, sincera, dedicada, apaixonada. Dava ao amante todos os encantos do corpo e da alma feminina — mas era humanamente limitada à sua paixão. Era como as amantes de todos os amigos e colegas de Agostinho — e ele queria que fosse algo único, original, inédito, imensamente profundo e sublime...

Tivesse o filho de Mônica encontrado no mundo feminino o

que procurava, nunca talvez saísse desse mundo; mas só encontraria sossego e quietação no infinito. A carinhosa crueldade do amor finito devia ser para ele uma ponte para a austera verdade do amor infinito.

Agostinho queria gozar, mas gozar como nunca homem algum gozara.

Queria encher a taça mais do que a taça comportava...
Queria um ato maior que sua potência...
Queria um efeito superior à sua causa...
Começou então a sofrer no meio do gozo.

E descobriu este surpreendente paradoxo: que o homem pode sofrer o gozo e gozar o sofrimento.

Desvendou o mistério da doce amargura, da amarga doçura...

Verificou com estupefação que o gozo, elevado ao supremo zênite da possibilidade, acaba no profundo nadir do tormento — e que este mesmo tormento, quando intensificado ao extremo da sua capacidade, gera uma delícia tão grande que ultrapassa todas as alturas do primitivo zênite, e atinge tão inefável veemência que arrebata os seus confessores e mártires a um delírio de amor, a um indescritível paroxismo de paixão...

A dor engendrada pelo amor age então como um tóxico, creando mundos fantásticos, que eclipsam todas as maravilhas do universo real...

Por meio da "espada flamejante" reconquista o herói do amor o "paraíso perdido" defendido pelo fero querubim...

Agostinho, numa instintiva previsão desses mundos ignotos, inventou o dulcíssimo martírio dos ciúmes.

"Precisamente porque era amado", escreve o fino psicólogo, "é que gostava de me precipitar ao labirinto dos sofrimentos, a fim de ser dilacerado pelos açoites ígneos dos ciúmes, flagelado de suspeitas, de apreensões, de cólera, de irritações".

Por toda a escala das sensações eróticas passou a indômita paixão de Agostinho.

Assim só podia amar um jovem em cujas veias rolasse o sangue tropical da África, em cuja alma se agitasse caoticamente a lava candente da literatura romântica que sorvera a largos haustos.

O que se acumulara no espírito do estudante de Madaura, à leitura da *Eneida*, ao sofrer com Eneias e Dido a inebriante acerbidade da loucura amorosa, isto irrompia agora irresistível, feito carne e sangue, do profundo vulcão da alma do acadêmico cartaginês.

* * *

Numa dessas tépidas noites que embalavam o golfo de Túnis e a cidade voluptuosa, foi concebida aquela criança a que Agostinho, mais tarde, chamaria "filho do seu pecado", e à qual pôs eufemisticamente o nome suave de "Adeodato" — dado por Deus.

Quem era a mãe de Adeodato? Essa célebre anônima que tão importante papel desempenhou na vida pagã do futuro luminar do Cristianismo?

Alguma graciosa estudantina de Cartago? Uma daquelas bronzeadas colegas de Agostinho? Ou então uma bela patrícia romana? Ou, quiçá, uma humilde e meiga garota do bairro dos operários? Uma dessas meninas pobres, de olhos dolentes e sonhadores, que trazem na alma imensa riqueza afetiva, que ninguém parece querer?...

Ficam sem resposta todas essas impacientes interrogações da nossa curiosidade. Eterno silêncio, impenetrável mistério envolvem a pessoa daquela mulher com a qual Agostinho viveu nove anos, que lhe deu o único filho, e que, mesmo repudiada e sem filho, lhe foi fiel até a morte, na solidão da pátria africana...[1]

Agostinho frisa que, apesar da sua vida desbragada, não foi propriamente um vulgar frequentador de bordel, mas que guardou à sua única amante a fidelidade do tálamo — *tori fidem*. Nasceu um filho contra a vontade, mas, uma vez nascido, conquistou o amor do pai — "*pactum libidinosi, amoris, ubi etiam contra votum nascitur, quamvis, jam nata, cogat se diligi*".

Vai um quê de revoltante e de simpático, quase trágico, naquele episódio de Milão, quando o recém-convertido, tomado de uma sublime crueldade, despede a sua fiel amante cartaginesa, para cair nos braços duma menina italiana escolhida por Mônica — enquanto a infeliz repudiada regressa à triste vacuidade da sua vida de outrora e passa o resto da solitária existência como casta vestal, chorando o seu primeiro e último amor...

❖

---

[1] Agostinho nunca revelou o nome dessa mulher; mas por outras fontes sabemos que se chamava Melânia. (N. do A.)

Clarões em plena noite

Fosse Agostinho um espírito menos revolucionário; não fosse ele um titã demolidor de mundos; tivera ele uma natureza pacatamente burguesa — certamente teria constituído em Cartago o seu larzinho tranquilo e levado uma vida humanamente feliz, nos braços da dedicada amante e aos meigos carinhos de seu pequeno filho e herdeiro.

Entretanto, não era possível que um espírito como o seu encontrasse sossego e quietação definitiva em tão suave idílio e em círculo tão acanhado.

O homem atormentado de problemas transcendentes não encontra pouso e querência no remanso da família e na tepidez do tálamo nupcial.

É esta a sua feliz infelicidade.

Agostinho, com os problemas da carne mais ou menos solucionados, começou a sentir tanto mais impetuosamente os angustiantes problemas do espírito, mil vezes mais dolorosos e enigmáticos que aqueles. Sucedeu-lhe o que sucede a milhares de outros homens que cuidam encontrar no sexo o lenitivo aos seus martírios íntimos — e só encontram martírios centuplicados.

O Agostinho cristão acusa-se, mais tarde, com estranha veemência e assiduidade, das misérias da carne; mas essa mesma veemência e assiduidade nos faz desconfiar. À luz da sua esclarecida espiritualidade cristã pareceram-lhe, certamente, muito mais negras as sombras do sensualismo pagão do que eram na realidade.

Muito errado andaria quem considerasse as fraquezas de Agostinho como óbice principal à sua conversão. As mais profundas raízes da sua hesitação se encontram em terreno metafísico, no aparente conflito das luzes da inteligência com as luzes da fé. O que as *Confessiones* fazem adivinhar vagamente, isto aparece em meridiana claridade nas páginas dos *Pensées*, de Pascal.

Pascal, homem fraco, doentio, poucas dificuldades experimentava da parte da carne e do sangue, e, no entanto, não conseguiu convencer-se das verdades do Cristianismo de que estava persuadido. "Querer crer" era a única possibilidade de "crer" para um homem que tinha a inteligência das matemáticas — como diz Unamuno —, que tinha uma razão clara e um apurado senso da objetividade. "Tenho fé, Senhor! Ajuda a minha falta de fé!" Essa exclamação dum pai israelita resume bem o credo de muito Agostinho e Pascal dos nossos dias. "Se puderes ter fé", dissera o divino Mestre, "tudo é possível a quem tem fé". O pai daquele menino possesso não sabe se *pode*, só sabe que *quer* ter fé; e, por conhecer o seu *querer*, exclama: "Tenho fé!" E, por ignorar o seu *poder*, acrescenta logo: "Ajuda a minha falta de fé!"

Revolver problemas que não se podem resolver — eis aí o constante martírio do homem que pensa.

Estudar, investigar a verdade, desvendar os mistérios do mundo e os enigmas do além, descer às profundezas da própria alma — quantos e quão dolorosos pontos de interrogação para o espírito pensante!

"Não tenho a pretensão de ter já atingido o alvo", escreve Paulo de Tarso, "mas vou-lhe à conquista, a ver se o atinjo".

É essa a atitude característica de todo bandeirante da verdade, de todo espírito revolucionado por problemas.

O espírito medíocre e vulgar repousa, satisfeito, na posse daquilo que julga ser a verdade integral e definitiva.

* * *

Estava Agostinho para terminar os seus estudos acadêmicos. Figurava no programa do último ano um livro de Cícero, intitulado *Hortensius*, obra que, infelizmente, não chegou até nós. Era uma dissertação filosófica sobre a verdadeira "sabedoria", e a felicidade que o homem encontra nela.

Agostinho leu esse diálogo, que fazia parte do programa —

quando subitamente dá com uma frase que fuzila como relâmpago pela noite de sua alma. No fim de uma longa exposição sobre a natureza da verdadeira beatitude dizia o filósofo romano:

"Se é verdade que possuímos uma alma imortal e divina, como afirmam os grandes e célebres pensadores da Antiguidade, é de supor que tanto menos seja ela contaminada pelas humanas fraquezas e paixões quanto mais se mantenha nos trilhos da razão, do amor à verdade e do conhecimento. E tanto mais facilmente subirá a alma ao céu"...

Agostinho fecha o livro. Seus olhos vislumbravam os longínquos litorais de um mundo desconhecido. Essas palavras feriram uma tecla dormente nas incônscias profundezas de sua alma. O profano gozador de prazeres, o ambicioso sonhador de glórias teve um momento de clarividência. Compreendeu, ou antes farejou, que para além desse mundo de honras e prazeres existia um vasto universo de valores que poderiam dar ao homem perene e perfeita felicidade — a posse da sabedoria...

Não o dissera também Aristóteles? Não falara Platão nesse mundo invisível? E não morrera Sócrates, sereno e calmo, porque entrara nesse luminoso universo do espírito?...

Consagrar a vida ao estudo e à meditação da Divindade; investigar-lhe os vestígios na obra da Natureza; levar uma existência aureolada dos fulgores desse Ser supremo, eterno, infinito — não encontraria o homem satisfação e beatitude nessa atmosfera espiritual? Não descobriria na investigação da suprema sabedoria a plenitude da felicidade?...

Tão intensa foi a emoção que de Agostinho se apoderou que abundantes lágrimas lhe correram pelas faces, caindo sobre as páginas do livro que tão vastos horizontes rasgava a seu espírito sedento de verdade, de vida e felicidade...

Clarões em plena noite...

Fogos-fátuos — e não uma jubilosa alvorada...

Não soara ainda para o filho de Mônica a hora da redenção...

Essa *anima naturaliter christiana*, depois desse rápido semi-despertar, tornou a cair no leito fofo do seu querido e indolente paganismo...

Demasiadamente frágeis eram ainda as asas da águia de dezenove primaveras para se fixar definitivamente em tão excelso ideal...

O mundo era lindo. A vida, cheia de promessas. As mulheres, sorridentes, belas, sedutoras...

E ninguém abre mão do belo senão para empolgar algo mais belo...

Mais tarde, após a sua conversão, escreve o autor das *Confessiones* que não o satisfizera *Hortensius* porque em suas páginas não encontrou alusão alguma ao Cristo. Essa frase, como observa judiciosamente Bertrand, é antes um floreio retórico e estético do que a expressão da realidade. Agostinho nunca deixou de ser literato e orador. Escreveu o cristão e o bispo aos cinquenta anos o que deveria ter sentido o estudante pagão de Cartago aos dezenove, mas que não o sentiu, provavelmente. Pois nesse tempo não tinha ainda Agostinho pensado e sofrido bastante para saber que não há perfeita sabedoria fora do Evangelho, nem verdadeira felicidade fora do Cristo.

Só se compreende integralmente o Evangelho no trecho entre o Getsêmani e o Gólgota. Quem não viveu e sofreu o Cristianismo não é cristão. Pode ser um perfeito teólogo, mas de Cristianismo tem ele ideia tão imperfeita como o cego de nascença tem ideia da luz e das cores sabendo que consistem em vibrações ou ondulações do éter.

Agostinho não estava ainda maduro para assimilar a excelsa espiritualidade do Evangelho.

Extinguiu-se rapidamente esse lampejo divino na escuridão da noite humana. Mas não ficou sem efeito. O que uma vez empolga a alma fica eternizado nela. Pode, sim, descer da luminosa superfície da consciência para as regiões penumbrais da subsconsciência; mas daqui não sai mais; aqui permanece, daqui, do misterioso subsolo do Eu, continua a agir insensivelmente e influir, incônscio, sobre os atos conscientes do homem.

Todo pensamento, uma vez profundamente pensado, vivido e sofrido, é eterno, imortal. Vigora no mundo metafísico a mesma lei que a ciência descobriu no mundo físico: a constância da matéria e da energia. Nada se perde no mundo físico — e nada se aniquila no mundo metafísico. Pode o homem "esquecer-se" de alguma realidade, mas, uma vez que essa realidade atingiu o centro do Eu, está definitivamente gravada no espírito humano, e existirá enquanto existir esse espírito. Cometi pecado, pratiquei ato desonesto — dizem os homens —, mas arrependi-me, confessei-me, e é tudo como dantes, como se nada acontecera.

Embora o arrependimento tenha restabelecido o estado *moral* de antes da queda, nenhum arrependimento é capaz de restaurar integralmente na alma o estado *real* anterior à falta voluntariamente cometida. Arrependimento não é conversão, transmentalização.

Desapareceu a culpa — mas ficou o hábito, aumentou o pendor, a inclinação, a facilidade para a queda e recaída. Estratificou-se, por assim dizer, no subsolo do homem uma nova camada, da qual poderão brotar sempre novos atos maus, dificultando a vitória dos atos conscientemente bons.

Só uma nova atitude pode neutralizar a antiga.

O que sucede com o mal acontece da mesma forma com o bem, graças a Deus. Quanto maior for o número dos atos bons e quanto mais profundamente vividos forem esses atos, tanto mais poderoso se tornará o invisível exército concentrado na zona inconsciente da alma, lançando, no momento crítico, o seu contingente para o campo de batalha do consciente.

Todo o segredo da pedagogia e da psicologia, toda a estratégia espiritual está em saturar, por meio de atos eticamente bons e profundamente vividos, o terreno donde brotam os impulsos inconscientes que em grande parte determinam o caráter dos nossos atos conscientes e revestidos de imputabilidade.

O estudo de *Hortensius* não conseguiu abrir a Agostinho as portas do Cristianismo, mas lhe deixou na alma uma dúvida salutar, uma grande desconfiança na virtude redentora da filosofia pagã. Seria o homem capaz de atingir por esforço pessoal as alturas do seu destino? Seria o intelecto escada bastante alta e forte para levar o homem ao trono da divindade?...

Agostinho abriu a Bíblia, em cujas páginas diziam as igrejas encontrar a Deus falando à humanidade. Procurou penetrar nesse mundo incógnito, mas em breve desanimou e desistiu do tentame. Habituado com o classicismo dos períodos ciceronianos, como podia ele achar gosto na sóbria e, por vezes, tosca singeleza do Gênesis ou dos Evangelhos? Como podia o viciado *rhétor* de Cartago, habituado às iguarias literárias de Virgílio, aos lautos festins poéticos de Horácio, sentar-se à mesa frugal dum pobre carpinteiro?...

Quidquid recipitur, per modum recipientis recipitur — diz um antigo axioma filosófico. O que se recebe é recebido segundo o caráter do recipiente. A disposição do sujeito dá ao objeto a forma e a cor do próprio sujeito. Todo homem enxerga o mundo através do prisma característico do seu caráter individual.

Não era possível que a Bíblia agradasse ao espírito daquele

adolescente de dezenove anos. A Bíblia supõe certa madureza de espírito e virilidade de caráter para ser devidamente compreendida e saboreada.

Assim como o cientista que anatomiza e secciona meticulosamente tecido por tecido e analisa célula por célula dum organismo humano não descobrirá jamais a alma, embora essa alma exista — assim também o exegeta, por mais que estude e investigue cada uma das frases, palavras, sílabas e letras da revelação, não topará jamais com a divindade, e, no entanto, é certo que Deus está em sua obra. Mas só a visão panorâmica do conjunto nos faz compreender o princípio vital dum organismo humano ou o princípio divino da Sagrada Escritura. E Agostinho não possuía ainda essa visão panorâmica.

"Encontrei um livro", escreve mais tarde, "que não só era impenetrável para o homem orgulhoso, mas que também ao espírito simples só dava meia revelação; um livro cuja entrada estreita só se alarga gradualmente e termina em um cume envolto em mistérios. Naquele tempo não chegara eu ainda ao ponto de curvar a cabeça para poder entrar nesse santuário".

Abandonou, pois, o livro de Deus, assim como abandonara a obra de Cícero.

❖

Entre a inteligência e a fé.
O maniqueísmo

Nem Cícero nem Cristo podiam satisfazer o espírito irrequieto de Agostinho. Ele não era ainda suficientemente cristão para compreender o Evangelho, nem era já bastante pagão para encontrar sossego na filosofia do *Hortensius*.

Mas não seria possível harmonizar as especulações da inteligência com as doutrinas da Bíblia? Lançar uma ponte sobre o abismo que separava a ciência e a fé? Escutar os ecos do além, sem desprezar as vozes do aquém? Crer num Cristo platônico e admirar um Platão cristianizante?...

Na ânsia de descobrir o novo elixir da felicidade topou Agostinho com um livro do persa Manes, que admitia dois seres eternos, um luminoso e bom (Ormuzd ou Mazda), e outro tenebroso e mau (Ahriman). Acham-se esses dois seres — dizia o sábio estribado em Zoroastro — empenhados num eterno conflito: luz *versus* trevas e trevas *versus* luz. No homem encontram-se mesclados esses dois elementos eternos. Daí a luta no seu interior. O homem é bom ou mau, não pelo uso ou abuso do livre-arbítrio, mas por necessidade física, e até metafísica. Não é o homem que vence ou cai derrotado, é o bom ou mau gênio que nele habita. Jesus Cristo veio ao mundo — dizia Manes — para libertar da matéria sinistra e má as boas e luminosas partículas dentro do nosso ser.

É de admirar que a clara inteligência de Agostinho abraçasse sistema tão confuso e arbitrário como este, chamado maniqueísmo. Entretanto... "o coração tem razões de que a razão nada sabe"... Ele mesmo confessa, mais tarde, por que se fez maniqueu: "Quem pecava não era eu, mas dentro de mim pecava não sei que outra natureza; e o meu espírito se alegrava de estar isento de culpa, e, quando praticava ato mau, não tinha de confessar que era eu que o cometera".

Com efeito, quem pecava no pecador era Ahriman, o deus do mal; o único responsável era esse mau espírito.

Alega Agostinho ainda outros motivos que o levaram a abraçar a doutrina de Manes: uma amizade com um maniqueu, bem como os fartos aplausos que colhia na luta com os adversários do sistema.

Havia entre os maniqueus duas classes: os "eleitos" e os "ouvintes". Obrigavam-se aqueles a rigorosa continência, a fim de derrotar em si o princípio do mal e levar à vitória o elemento bom; ao passo que os "ouvintes" se contentavam com a admiração platônica desse ideal e a contribuição para o sustento dos "eleitos".

Agostinho nunca passou da classe dos "ouvintes".

Procuravam os adeptos de Manes eliminar dos livros sacros tudo quanto lhes parecesse contraditório ou indigno de Deus, apresentando assim uma Bíblia racionalizada, como diziam. Acabaram por rejeitar o Antigo Testamento quase todo, e "expurgaram" o Novo Testamento das pretensas interpolações judaicas, a fim de adaptar a sagrada Escritura aos fins peculiares da sua seita.

Nesse ambiente viveu Agostinho largos anos. Para esse credo angariou numerosos sequazes.

❖

Novamente em Tagaste.
O profano gozador

Contava Agostinho vinte anos.
Terminava os estudos em Cartago. Era chegado o momento em que o jovem *rhétor* tinha de abraçar a carreira de jurisconsulto, que lhe acenava com honras e fortunas.

Em vez disso, abandonou inesperadamente Cartago e voltou para Tagaste. Aí começou a lecionar gramática e línguas e foi nomeado por Romaniano preceptor de seu filho Licêncio.

Ridicularizando a sua profissão de mestre de retórica, escreve: "*Victoriosam loquacitatem, victus cupiditate, vendebam* — vítima de cupidez, eu vendia a minha vitoriosa loquacidade".

Por que essa súbita mudança de ideias? Por que essa renúncia aos altos projetos, para se reduzir à condição de professor de aldeia?

Nunca nos revelou Agostinho os motivos desse passo. Possivelmente contribuíram para essa resolução razões de ordem econômica, tanto mais que o autor das *Confessiones* afirma desdenhosamente que abriu em Tagaste uma "taverna de palavras".

Ou será que Romaniano, o argentário e senhor do município, insistiu com seu jovem protegido no sentido de consagrar os seus talentos à glória e prosperidade da sua terra natal?

Passou Agostinho quase um ano em Tagaste. Deixara em Cartago a mulher dos seus amores.

Faz parte dos característicos do gênio de Agostinho essa extrema facilidade e rapidez com que abandona trilhos antigos da inteligência e do coração e se adapta a novos ambientes. Precisamente agora, na alvorada de uma nova vida de amor, ainda quase na "lua de mel" do seu primeiro amor definido, separa-se ele da querida companheira e da sedutora metrópole, para se enterrar na solidão duma insignificante cidade provinciana.

Agostinho é um verdadeiro nômade do espírito e do coração. Não é amigo de residência fixa e definitiva. Não simpatiza com rotinas e tradições. Péssimo pai de família teria sido ele, provavelmente, se chegasse a fundar um lar propriamente dito. Não tolerava barreira de espécie alguma. Assim como abraçou sucessivamente diversas ideologias filosóficas e religiosas, antes de arribar ao porto seguro do Cristianismo, assim também, durante a sua longa vida de apóstolo e apologista, modificou repetidas vezes a sua tática e estratégia, e ainda no fim da existência escreve um livro intitulado *Retractationes*, obra em que revoga e corrige muitas das suas ideias e opiniões expostas nos primeiros tempos de convertido.

O homem menos inteligente acha desairoso mudar de ideias e aferra-se fanaticamente a opiniões uma vez professadas e proclamadas como certas e infalíveis. As ideias fixas impedem-no de ter pensamentos novos. Um pensamento pode converter-se em outro pensamento, porque é algo móvel, fluido, elástico em permanente estado de evolução — ao passo que uma ideia se choca quase sempre com outra ideia, procura eliminá-la, suplantá-la, matá-la. O homem de ideias fixas é um caminho estreito ladeado de muros altíssimos — o homem do pensamento é um campo aberto para todos os horizontes.

O espírito tacanho, não raro, fossiliza-se nas suas ideias, que, geralmente, nem são *suas* — ao passo que o espírito largo evolve, progride, abandona opiniões antigas e menos exatas por outras, mais prováveis.

O sábio sabe que nada sabe.

O ignorante ignora que nada sabe.

Conhecer a própria ignorância já é porta aberta para a sabedoria.

Ignorar a própria ignorância é fechar as portas a todo o progresso.

Eu mesmo, durante a minha longa peregrinação terrestre, pus fora de circulação mais de trinta dos meus livros, que chamo "pele de cobra", porque não representam mais o meu verdadeiro Eu; e reeditar esses livros seria insinceridade comigo e com os meus leitores. A cobra, para poder crescer, despoja-se da pele velha: o homem em evolução que não queira ser peça de museu morto, mas planta de jardim vivo, não pode fossilizar-se em ideias fixas;

tem de ultrapassar certo estágio evolutivo para prosseguir na sua evolução ascensional.

O homem pensante considera-se, nesta vida, incessante viajor; por mais que caminhe e alcance, não se considera jamais chegado ao termo final da jornada, nem possuidor integral do ideal que demanda.

O espírito juvenil, mesmo quando habita em cérebro de ancião, não conhece ideias fósseis, estereotípicas, imutáveis. Aceita conselho, instrução, melhoramento; abraça, sem constrangimento nem humilhação, ideias alheias, quando se convence de que são melhores do que as suas.

Decênios mais tarde, travou-se entre Agostinho e São Jerônimo veemente correspondência epistolar sobre a origem da alma humana. Defendia este a creação divina da alma, propendia aquele para a ideia de uma espécie de geração por parte dos pais. Quando o colérico ermitão de Belém o censurou acremente por essa opinião, confessou Agostinho, com encantadora simplicidade e despretensão: *"Libentius disco quam dico, ne audream docere quod nescio* — prefiro aprender a dizer, para não ensinar o que ignoro".

Em período algum da sua longa existência sentia-se Agostinho chegado ao termo final da sua jornada interior. Mesmo quando venerandas cãs lhe cobrem a cabeça, considera-se ele ainda no princípio do seu itinerário espiritual, e continua como indefesso pioneiro a demandar novas zonas de conhecimento.

Agostinho foi um eterno itinerante, de espírito e de coração.

Aos vinte anos, em Tagaste, não era ele, certamente, um místico da Divindade; mas já sentia em si, vaga e obscuramente, a verdade das palavras que, mais tarde, lançou ao papel: "Fizeste-nos para ti, Senhor, e inquieto está o nosso coração até que encontre quietação em ti".

Pensou em atravessar o Mediterrâneo para visitar a capital do império. Com que fim? Não o sabia ele mesmo. Tão pouco o sabia como a ave migratória não sabe da existência de outros países de clima mais ameno, e, no entanto, sente a irresistível nostalgia das distâncias, o instinto de horizontes longínquos.

Agostinho queria fugir do conhecido para o desconhecido, para o mistério, para o infinito. Tinha ímpetos de fugir de si mesmo, do velho ego, para, por assim dizer, nascer de novo e começar vida nova. Tinha nojo de si mesmo e de tudo que com esse infeliz ego se relacionava... E, por não poder suportar a si mesmo, insuportável lhe parecia o mundo inteiro...

Nessa alma de pagão profano já dormitava uma alma de místico — mas ele não o sabia...

Terno e doloroso ao mesmo tempo foi o reencontro de Agostinho com sua mãe. Depois da morte de Patrício, mais ainda concentrara Mônica no caçula todo o ardor da sua afeição, misto de insatisfação de mulher e amor de mãe, embora desamasse o pagão, o herege, o maniqueu... Nesse doloroso conflito se debatia a alma de Mônica...

De ano a ano, mais espiritualizava ela a sua vida cristã. Duas vezes por dia visitava a basílica de Tagaste; de manhã, à hora da oração, e à tarde, para assistir à pregação.

Insistia com o filho que abandonasse suas heresias; mas eram em pura perda os seus esforços. Agostinho, no seu intelectualismo, sentia-se muito superior à fé irracional dos bons cristãos e das piedosas mulheres do seu tempo. Amava sua mãe, mas não estava disposto a imolar na ara desse amor a sua inteligência e as suas convicções pessoais.

O novel maniqueu aproveitava todos os ensejos para fazer propaganda das suas ideias. Levou numerosos amigos e conterrâneos para a seita que abraçara. Até em praça pública discutia com seus adversários, e, graças à sua dialética, rebatia com facilidade os argumentos em contrário, roubando ao Cristianismo grande número de adeptos, precisamente dos mais cultos e influentes da sua cidade natal.

Entre estes contava também Romaniano, o homem mais rico e poderoso de Tagaste, amigo e protetor do filósofo.

A tal ponto chegaram as coisas que Mônica proibiu o filho de entrar em sua casa.

Agostinho, sereno e calmo — pelo menos exteriormente —, abandonou a casa materna e foi residir na luxuosa "vila" de seu grande amigo Romaniano. Estava disposto a sacrificar tudo ao ídolo do seu intelectualismo.

Com isso iniciou o futuro asceta e místico um teor de vida mundana, no meio de requintado luxo, por entre jogos, banquetes, caçadas e indolentes passatempos. A vastíssima propriedade de Romaniano era uma espécie de fazenda, ou parque, com termas e piscinas de natação, com lindos repuxos, com bosques e jardins de apurado gosto. À sombra duma pérgula de perfumosas trepadeiras, encravada num dos pitorescos ângulos do pomar, sorria o "recanto dos filósofos", onde a dona da casa matava o tempo reclinada em fofo divã, lendo obras de poetas e pensadores. Nesse convidativo recesso encontravam-se também amiúde Agostinho e Romaniano, discutindo as opiniões dos filósofos da época.

Romaniano, homem de maneiras distintas e de extraordinária liberalidade, não possuía convicções pessoais sobre coisa alguma, menos ainda sobre os magnos problemas da vida. Aceitava com facilidade as ideias dos que considerava super-homens. Assim como abraçou sem resistência o maniqueísmo de seu inteligente protegido, e como perfilhou as ideias platônicas dele, assim encampou também, mais tarde, o Cristianismo do convertido de Milão. O aristocrático argentário de Tagaste nada tinha do espírito demolidor nem do gênio criador de Agostinho. Só se sentia seguro sobre trilhos previamente alinhados por outrem. Ingeria docilmente o que outros cérebros haviam devidamente mastigado.

Com a transferência de Agostinho para a casa de campo do rico amigo, parecia extinto em plena aurora aquele grande sol que devia aclarar o universo cristão por séculos. Nada mais funesto para anquilosar o surto dum grande espírito do que essa atmosfera de comodismo. Quando a energia elétrica não encontra na sua passagem a necessária resistência não incandesce o fio condutor; quanto mais difícil a passagem, mais intenso é o fulgor que a misteriosa corrente produz.

Para Agostinho já não havia resistência, lutas, dificuldades a vencer — assim parecia. A vida na "vila" do amigo lhe corria por demais agradável e deliciosa para que a águia do seu espírito pudesse expandir as asas para grandes voos e demandar ignotas alturas para além das suaves e queridas comodidades desse vegetar sonambulesco...

Entretanto, não permitiu a Providência que apodrecesse nessa paz indolente e anônima a grande alma do genial africano. Mais dolorosos do que adversidades externas são para um grande espírito os tormentos nascidos em seu próprio coração.

Quanto mais inteligente e sensível é o homem tanto mais conscientes e acerbos são os problemas que surgem das profundezas de sua alma — problemas, mistérios, enigmas, esfinges, interrogações sem resposta, que da sua vida fazem uma silenciosa luta e um contínuo campo de batalha...

É precisamente no auge da prosperidade material que o espírito profundo sente mais acerbamente a própria insuficiência, a insatisfação de todas as satisfações, o amargor de todas as suavidades, o vácuo de todas as plenitudes terrenas... Ai da alma humana se lhe faltasse essa gravitação, esse divino heliotropismo!...

Correria perigo de ser impelida pela força centrífuga das grandiosas futilidades da terra, fugir pela tangente da sua órbita e desaparecer no tenebroso espaço do niilismo e do nada absoluto.

Mas não é possível essa fuga tangencial da alma, porque a imanente gravitação da sua própria natureza espiritual lhe veda essa deserção definitiva.

Em astronomia vigora a lei newtoniana de que os corpos se atraem na razão direta das suas massas e na razão inversa do quadrado da distância. Também na astronomia do espírito se verifica lei análoga. O espírito creado sente-se atraído pelo Espírito increado na razão direta do seu volume, ou seja, da sua potencialidade espiritual. A "infelicidade" do sofrimento é a maior das felicidades, porque impele o planeta descarrilado a reentrar na trajetória do seu astro central e evitar assim o grande cataclismo metafísico.

A maior das infelicidades é não sentir essa infelicidade. O homem que vive a impugnar o teísmo e a procurar argumentos para consolidar o seu chamado "ateísmo" dá provas de que não está convencido do que desejaria ter abandonado. Mil vezes pior quando afirma que sente a atração do centro que abandonou "ateu", prescinde de qualquer apologia do seu sistema e entra na zona mortífera duma grande calmaria espiritual, porque nesse ambiente corre perigo de não mais sentir a feliz infelicidade dos seus tormentos metafísicos.

Mas parece que essa desgraça das desgraças só pode caber a um espírito obtuso e medíocre, e não a uma alma de elevada potencialidade.

Reproduzimos aqui o suspiro nostálgico que Nietzsche, o "ateu místico", deixou entre os seus papéis, no princípio do século XX:

Mais uma vez, antes de prosseguir caminho,
E olhar para a frente,
Ergo, solitário, minhas mãos a ti,
A ti, a quem me refugio,
A ti, ao qual consagrei altares, solenemente,
Nas mais profundas profundezas do meu coração,
Para que, em todos os tempos,
Tua voz me chamasse novamente.
Gravada profundamente no meu altar,

Resplende a palavra: AO DEUS DESCONHECIDO.
Dele eu sou, ainda que, até a presente hora,
Permaneça no bando dos ímpios.
Dele eu sou, e sinto os laços
Que me arrastam à luta,
Lá embaixo,
Que, embora eu fuja,
Me obrigam a servir-te.
Quero conhecer-te, ó Desconhecido!
Tu, que empolgas minha alma profundamente,
Que, qual tempestade, penetras minha vida,
Tu, o Inatingível, que és afim comigo.
Quero conhecer-te — quero até servir-te.

❖

Angústia dum coração de mãe. Um sonho e muitas lágrimas

Pelo rumo que as coisas tomavam, convenceu-se Mônica de que seu dileto Agostinho se alheara definitivamente do Cristianismo, religião em que ela via a verdade e única possibilidade de salvação.

Mas, com a morte da fé cristã na alma do filho, não queria morrer na alma de Mônica o amor de mãe. Pelo contrário, em virtude não se sabe de que estranho paradoxo, quanto mais se distanciava Agostinho do espírito do Evangelho, tanto mais se aproximava Mônica do coração do filho. Banhava com o amargor das suas lágrimas um cadáver inerte... Embalsamava com a perfumosa essência das suas preces um esqueleto de fé cristã...

Acabava Agostinho de ser proclamado chefe do maniqueísmo em Tagaste. A privilegiada inteligência do jovem era agora uma lâmina aguda para matar no coração de muitos homens aquela fé que Mônica alimentava em sua alma com a carinhosa solicitude duma vestal a amparar o fogo sagrado no templo da divindade.

Numa daquelas noites banhadas de lágrimas, teve Mônica um sonho ou uma visão. Via-se em pé numa grande planície. De súbito, aproximou-se dela um jovem sorridente, aureolado de vivos fulgores. Ela, porém, estava imersa em profunda tristeza e coberta de luto. Inquiriu o jovem do motivo das suas lágrimas. "Choro a eterna condenação de meu filho", respondeu-lhe Mônica. Ao que o desconhecido lhe respondeu: "Não temas! Teu filho estará onde tu estás". Mônica voltou o rosto, e viu Agostinho ao pé de si, no mesmo plano.

Esperançada com essa mensagem, procurou revocar para casa o filho. O herege, de fato, voltou. Voltou corporalmente, mas o seu espírito continuava longe, no deserto da heresia de Manes. Procurou arrebatar à mãe a "ilusória felicidade" que lhe dera aquele sonho, dizendo: "Se nós dois, a julgar por teu sonho, estaremos um dia no mesmo plano, quer dizer que tu abraçarás como eu o maniqueísmo".

"De forma alguma!", protestou Mônica, "não me disse a aparição que eu estaria onde tu estás, mas que tu estarás onde eu estou".

Sorriu-se Agostinho — e continuou aferrado às suas ideias.

* * *

Em sua extrema aflição, foi Mônica procurar um bispo muito versado na Bíblia e instou com ele que convidasse Agostinho para uma discussão pública, a fim de o convencer dos seus erros. Negou-se o prelado a aceder ao pedido.

Mônica, porém, não se rendeu. Continuou a suplicar que, ao menos, falasse com seu filho. Ao que o bispo lhe respondeu, um tanto irritado: "Vá, senhora, e continue a viver como de costume. Não é possível que se perca um filho de tantas lágrimas". E fez ver à suplicante que um homem de tão penetrante inteligência como Agostinho não professaria por muito tempo doutrina tão incoerente como o maniqueísmo, doutrina que ele conhecia a fundo, porque também fora um dia discípulo de Manes.

Conformou-se Mônica com o inevitável, redobrando de orações e prantos, para alcançar a conversão de seu filho.

❖

A volúpia das saudades

Durante a sua permanência em Tagaste, ao que parece, pouco se preocupou Agostinho com a sua amada em Cartago.

Tanto mais se afeiçoou a alguns amigos que comungavam nas suas ideias.

Havia entre estes um companheiro de estudos superiores, que também morava em Tagaste e que Agostinho levara aos arraiais do maniqueísmo.

Adoece gravemente este amigo. Agostinho desvela-se em solicitudes pelo enfermo, que trazia tão dentro do coração que bem o pudera apelidar de *dimidium animae meae* (metade de minha alma), como dizia Horácio falando de Virgílio. Às portas da morte, pediu o agonizante o batismo. Depois, com grande surpresa de todos, convalesceu.

Quando Agostinho tornou a visitar o amigo, que deixara sem sentidos, e este lhe falava, calma e reverentemente, do batismo, zombou o maniqueu de semelhante "fraqueza" e convidou o convalescente para uma discussão filosófico-religiosa. Este, porém, dirigiu-lhe um olhar doloroso e sério e declarou-lhe com firmeza: "Se quiseres ser meu amigo, deixa-te de semelhantes falas".

Perturbado com tão inesperada resposta, retirou-se Agostinho, aguardando o completo restabelecimento do enfermo, na certeza de que então o faria voltar aos antigos sentimentos. Mas o doente faleceu de improviso, daí a poucos dias, sem que Agostinho tornasse a revê-lo.

Indescritível foi a dor que se apoderou da alma do jovem,

quando soube do desenlace do dileto amigo. "A dor que esta perda me causou", escreve mais tarde, "enlutou de trevas o meu coração. Por toda parte se me antolhava a morte. Em tormento se tornou o torrão natal, e em martírio a casa paterna. Tudo quanto compartilhara com o amigo tornou-se-me indizível tortura, agora que ele não existia mais. Os meus olhos procuravam-no por toda parte, e em parte alguma o encontravam. Tudo me aborrecia, porque o não via em parte alguma e porque nada me podia dizer: 'Aí está ele! Virá como outrora, quando por momentos nos separávamos — no tempo em que ele ainda vivia'"...

Tristeza, luto e pranto foram o pão cotidiano de Agostinho, após a morte do amigo. E, por fim, julgou encontrar suavidade no amargor do pranto. Gozava, por assim dizer, o seu próprio martírio. Entregou-se à volúpia das lágrimas e saudades.

"Não tenho mais nada no mundo senão a minha dor", dizia, "e esta dor me é querida e cara".

Nem queria saber de consolação. Apaixonara-se pelo sofrimento. Viciara o coração com o doce entorpecente da dor e encontrava nessa estranha embriaguez uma ilusão de alívio. "O meu pranto substitui-me a presença do amigo do meu coração."

Entretanto, quem conhecia o gênio de Agostinho podia adivinhar que semelhantes labaredas do seu sentimentalismo não tardariam a ceder a outras flamas não menos intensas, deixando de si apenas um punhado de cinzas frias.

A breve trecho, resolveu Agostinho voltar para Cartago a fim de abrir um curso de Retórica. Possivelmente, recebera também recado da sua amante, comunicando-lhe o próximo nascimento de seu herdeiro.

Partiu, por mais que a tal passo se opusesse Romaniano, que se queria servir do inteligente jovem como fogo de artifício para iluminar a sua cidade natal e o município que administrava. Entretanto, sugestionado por Agostinho, acabou por ceder, e, ainda por cima, pagou mais uma vez as despesas de viagem ao simpático protegido.

❖

Silencioso clamor duma alma

Com o regresso de Agostinho para Cartago, principia o mais doloroso período da sua angústia interior — prelúdio da sua redenção espiritual.

Cerraram-se em noite espessa todos os horizontes de sua alma.

Desceu o espírito de Agostinho ao mais profundo nadir da abjeção e do nojo de si mesmo. E do fundo desse abismo seria, um dia, arrojado pelo poder da graça ao mais alto zênite da espiritualidade.

Nove meses passa o ser humano em formação no útero materno, para poder, finalmente, contemplar a luz da vida — e nove anos levaria ainda essa "alma naturalmente cristã" até surgir definitivamente do paganismo do "homem velho" para a vida da "nova creatura em Cristo".

Nunca talvez existisse um homem que, no meio dos seus pecados, se achasse mais perto de Deus do que Agostinho.

Espírito agrilhoado pelo erro, alma escravizada pela carne, sentia-se esse "santo pecador" tão infeliz, tão rasgado de desarmonias, tão enojado de si mesmo, que o silencioso clamor do seu ser era um brado imenso da humana miséria pela divina Misericórdia.

Quanto mais consciente nos for a nossa vacuidade, tanto mais perto estamos da plenitude de Deus.

"Onde estava eu nesse tempo quando te procurava, Senhor?", pergunta ele mais tarde; e responde com estas palavras tão suas e tão de milhares de colegas seus de todos os séculos: "Tu estavas comigo, mas eu não estava contigo. Eu não sabia encontrar a mim mesmo — e como seria então possível encontrar-te a ti?... *Noverim me ut noverim te*. Conheça eu a mim, para que conheça a ti!"

Realmente, o homem que não se encontra a si mesmo jamais encontrará a Deus — o Deus desconhecido imanente no homem desconhecido.

* * *

Em Cartago foi Agostinho saudado com júbilo pela sua quase-esposa e talvez pelo vagido de seu filhinho. Ingrata surpresa, essa, do aparecimento do nenezinho. Agostinho não desejava, nesse tempo, ser pai. Mas, quando tomou nos braços o pequenino ser plasmado do seu sangue, sentiu o delicioso orgulho de quem contempla o próprio Eu refletido num pequeno Tu. Confessou corajosamente a sua paternidade. Impôs ao recém-nascido o nome de "Adeodato" — dado por Deus. O "filho do pecado", fruto da sua incontinência, nascido daquela que não era sua esposa, e esse filho é um "presente de Deus" — quanta ironia e quanta verdade neste nome!

Mas esse nome é bem um símbolo da vida paradoxalmente sublime desse "cristianíssimo gentio", mais religioso talvez que muitos daqueles que nunca andaram tão longe de Deus, nem nunca chegaram tão perto de Deus como ele...

Com o nascimento do filho estreitaram-se ainda mais as relações entre Agostinho e aquela mulher anônima, adquirindo uns visos de matrimônio legítimo.

Durante longos anos foi Agostinho fiel a essa jovem cartaginesa, sinal de que esse volúvel nômade da inteligência e do coração a amava realmente, fosse por causa de sua beleza, fosse pela bondade de seu coração, fosse por esses e outros motivos. Não lhe vedava a lei repudiar a mulher e ficar com o filho. Não o fez enquanto um novo teor de vida não o impelisse a esse extremo.

Por que não contraiu com a mãe de Adeodato legítimo matrimônio?

O que sabemos é que nem mais tarde, em Milão, quando Agostinho procurava regularizar a sua vida, consentiu Mônica nesse casamento. Não faltou quem visse na amante de Agostinho uma jovem de condição inferior, talvez sem cultura de espírito, mas que cativou o coração do ardente filósofo em virtude daquelas "razões de que a razão nada sabe".

Em terreno sexual e afetivo, como se vê, era Agostinho bem humano, simpaticamente humano. Não entraram nos seus cálculos, como fatores ponderáveis, a fortuna, os brasões de família, o prestígio social, as luzes de saber da sua companheira; entrava somente *ela*, entrava apenas o *eterno feminino*, potencializado talvez por um irresistível *sex-appeal*, como dizem os modernos. Mas Mônica não admitia uma nora de condição inferior a seu filho...

* * *

Entretanto, esses nove anos em Cartago foram também anos de intenso labor.

Agostinho, por mais afetivo, não deixou nunca de ser o sensato intelectualista e o homem do bom senso.

Graças à influência de Romaniano, conseguiu uma colocação entre os *rhétores* da metrópole. Dois filhos do poderoso amigo achavam-se entre seus educandos, morando talvez na mesma casa com o mestre.

Eulógio e Alípio lograram escapar ao "negro vaso do esquecimento", graças à futura celebridade de Agostinho. O último tinha de seus pais proibição categórica de frequentar as preleções do perigoso maniqueu, mas o jovem não conseguiu resistir por muito tempo à ação envolvente dos "fluidos simpáticos" do mestre.

À luz de fatos históricos, é de supor que esses "fluidos" — para usar de terminologia moderna — fossem ignorados por muito tempo a Eulógio, Alípio, Nebrídio, Honorácio, Marciano, Romaniano e, provavelmente, seus dois filhos — todos os que entram no campo magnético de Agostinho sucumbem à estranha fascinação da sua personalidade; o jovem africano desarma os seus poderosos adversários; conquista para as suas ideias filosóficas e religiosas espíritos opostos à sua ideologia e munidos de todos os antídotos contra os invisíveis venenos que dimanavam desse mago da inteligência e do coração.

Apenas Mônica resistiu, invicta, a essa silenciosa ofensiva do filho, graças, sem dúvida, a uma poderosa virtude do alto.

Não fossem esses nove anos de intensos labores intelectuais, inexplicável nos seria a cultura enciclopédica que Agostinho revela nas páginas do *De civitate Dei*, a mais vasta e profunda obra que dele possuímos. Que saber possuía, afinal, um *rhétor* formado pela academia de Cartago? Conhecia escritores e poetas gregos e latinos; sabia revestir de luxuosa roupagem as suas ideias — mas seriam essas belas exterioridades assaz resistentes para contrabalançar a potência demolidora dos séculos? Todo homem chegado à maturidade espiritual sabe de experiência própria que o que o impressiona, empolga e convence não são, em última análise, as ideias, a não ser que sejam a cristalização da própria vida humana. Pode o homem vulgar extasiar-se ante uma deslumbrante fraseologia, mas o homem formado pela vida e, sobretudo, pelo sofrimento procura antes de tudo a alma da ideia, e só admira o invólucro literário na medida em que atue como veículo ou prisma para apresentar o homem na sua natural beleza e plenitude.

Nesse período estudou Agostinho tudo quanto o espírito humano havia produzido no campo da ciência e da arte.

Do terreno literário passou para as vastas regiões da filosofia. Desceu com Pitágoras às profundezas metafísicas do Ser Supremo. Devassou o cosmos. Analisou os mistérios do próprio Eu. Ascendeu com Platão às excelsas culminâncias do *Eidos*. Interrogou sobre o donde, o para onde e o por que desse ente estranho que, com o farol da razão, procura iluminar a noite do mundo irracional.

Foi nesse tempo que Agostinho se apaixonou pela filosofia neoplatônica. E ficou fiel a esse amor através da sua vida cristã, até o derradeiro suspiro.

Falar em filosofia aos inscientes e aos profanos gozadores é correr o risco de ser incompreendido. Quem nunca saboreou a deliciosa volúpia do saber intuitivo não passa dum analfabeto ou dum aluno de escola primária, em face da verdadeira sapiência. Não sabemos aquilo cujos efeitos momentâneos aparecem à superfície da nossa experiência cotidiana. Sabemos somente aquilo que saboreamos, vivemos, sofremos — e somos.

Quem uma vez se apaixonou pelo saber chega, não raro, a sacrificar por ele o próprio bem-estar físico. O filósofo vive muitas vezes fora do mundo, alheio às palpáveis realidades da vida, absorto na própria realidade; é, geralmente, péssimo homem da sociedade, verdadeira negação para salões elegantes e reuniões sociais. Não somente descura o seu trajo e aspecto externo, mas é também deplorável "cavalheiro" e conversador. Não sabe dizer ocas banalidades sobre o estado do tempo, como exigem as visitas e relações sociais. Não é capaz de falar uma ou duas horas sem dizer nada. Não o interessam as intrigas políticas. Não sabe servir blandiciosas mentiras às damas e aos amigos, mentiras sem as quais não subsiste a sociedade — numa palavra, o verdadeiro pensador e filósofo é, geralmente, um ser que vive a sua vida própria e, por isso mesmo, é um corpo estranho no meio daqueles que vivem apenas a vida alheia.

Existe uma obra de Aristóteles, intitulada *As dez categorias*, em que o estagirita remonta a tão vertiginosas alturas e usa duma terminologia tão abstrata que poucos dos seus admiradores conseguem penetrar nessa floresta metafísica, e muitos daqueles que cuidam ter atingido o pensamento do filósofo entenderam coisa bem diversa do que ele queria dizer.

Afirma Agostinho que os mestres cartagineses apregoavam *buccis typho crepantibus* (com bochechas crepitantes de vaidade), como algo de "grande e divino", esse mistério aristotélico. E, no entanto, descobriu ele as ideias contidas nas "categorias" e sem mestre algum as compreendeu. É que o espírito arguto do africano era congenial ao do inteligente heleno — e sempre é mais fácil apreciar com justeza um fenômeno quando se está em sintonia espontânea com o objeto e seu locutor.

* * *

A par do estudo intenso da filosofia helênica continuava Agostinho a investigar a verdade religiosa, pesquisando nas páginas da Bíblia e procurando a justificação do seu confuso maniqueísmo. Entretanto, como mais tarde confessa, nunca a sua alma encontrou quietação no sistema religioso que abraçara. Esperava, de ano para ano, luzes mais amplas, alguma grande revelação que lhe tirasse as dúvidas e esclarecesse umas tantas obscuridades que lhe envolviam o espírito insatisfeito. Inúmeras vezes expôs aos corifeus da seita essas suas dúvidas e incertezas. Eles, porém, não tinham outra consolação senão esta: "Espera e verás; estuda, e saberás". Apelavam para "dogmas esotéricos". Davam às suas teses e hipóteses certo colorido de profundidade ocultista, certo fulgor metafísico, certo verniz poético, e assim narcotizavam o espírito de seus adeptos.

Agostinho compara-se a si mesmo com um pobre passarinho devorado de sede: abeira-se de um regato para beber, e encontra as águas turvadas, propositalmente turvadas por pérfido caçador que na vizinhança armou o seu laço traiçoeiro para apanhar a avezinha incauta.

* * *

Mais e mais se convence Agostinho de que não é possível atingir a verdade à força de especulações filosóficas, nem à luz da Bíblia, nem pelas doutrinas das igrejas, que se digladiavam na mais vergonhosa discórdia, negando umas o que outras defendiam e desmentindo todas elas com descaridosas polêmicas a caridade que apregoavam como sendo a alma do Evangelho. Existiam pelo menos vinte cristianismos diferentes, cada um dos quais se dizia a verdade única.

Na atmosfera crepuscular desse ceticismo desanimador, foi a alma do jovem resvalando cada vez mais para o terreno do misticismo pagão. Se não havia um Deus na inteligência dos filósofos nem no coração dos teólogos, se nem a ciência nem a fé estavam em condições de construir uma escada que atingisse o céu — quem sabe se essa verdade se encontrava nos círculos esotéricos dos magos e astrólogos, que diziam manter secretas relações com potências sobrenaturais?...

Travou Agostinho relações com diversos "taumaturgos" da época, como eram considerados, geralmente, os neoplatônicos.

Em breve, porém, se sentiu desencantado da magia e do ocultismo, e começou a pesquisar no terreno da astrologia, cujo caráter científico o satisfazia mais do que os manejos fantásticos dos chamados taumaturgos. Entusiasmou-se vivamente pela ciência desses "matemáticos", como então se intitulavam os cultores da astrologia. Manteve longos colóquios com Vindiciano, médico cartaginês, que, todavia, procurou convencer Agostinho de que as profecias dos tais matemáticos não passavam de coincidências fortuitas, sem nenhuma influência da constelação dos corpos sidéreos.

Nem tampouco valeu Nebrídio, amigo de Agostinho, dissuadi--lo de dar crédito à pretensa ciência desses aventureiros astronômicos. Andava a alma do jovem filósofo em adiantado estado de "gestação espiritual". Já não a satisfaziam os argumentos intelectuais. Tateava nas trevas, em demanda de algo sobrenatural, algo celeste, algo divino; e, como ainda não lhe despontara a serena luz solar do Cristo, refugiava-se esse espírito heliotrópico para onde julgava entressentir o bruxulear duma luz que não fosse deste mundo.

* * *

No meio dessas especulações filosóficas e metafísicas, ocultistas e astrológicas, ecoava a voz suave da mulher que ele amava, tremulava o choro duma criança que era sangue do seu sangue — e Agostinho se lembrava de que não podia passar os seus dias entre sonhos e lucubrações de estéreis teorias. Tinha de contar com a prosaica realidade — tinha de ganhar dinheiro...

Vindiciano teve pena do pobre *rhétor*, que estava a pique de sacrificar a sua existência física — sua e dos seus — pela metafísica das suas ideologias espiritualistas. Acabava o abalizado médico de ser nomeado procônsul do norte da África. Sob os auspícios do poderoso amigo resolveu Agostinho escrever algumas peças para o teatro de Cartago. Quando se considera o nível em que se encontrava o teatro da metrópole e o gosto depravado do público, é realmente para muita estranheza que a fome espiritual do filho de Mônica se degradasse até esse extremo.

"Colocou-me Vindiciano o laurel da vitória sobre a cabeça enferma", geme Agostinho, ao relembrar esse período da sua vida.

❖

O primeiro livro.
O novo Tântalo

Vivia, nesse tempo, na capital do Império Romano um famoso filósofo sírio, por nome Hiério. Não tardou que a fama desse homem ultrapassasse as fronteiras da Europa e repercutisse nas plagas da África. Os que se tinham na conta de intelectuais acompanhavam com admiração a trajetória do novo astro.

Por esse mesmo tempo escreveu Agostinho a sua primeira obra filosófico-estética, intitulada *De pulchro et apto* (Do belo e conveniente). E teve a ideia de a dedicar ao grande sírio. Ver o seu nome no mesmo livro com o do famoso orador, saber-se nomeado no mesmo fôlego com Hiério era então para Agostinho motivo de satisfação e honra. Assim, calculava ele, teria esperança de imortalizar o seu nome com o do grande sábio — assim como o obscuro artífice gosta de perpetuar o seu nome no cantinho do monumento que tem de erguer em praça pública a alguma celebridade. Quis, porém, a ironia da sorte que se invertessem os papéis, que o nome de Hiério passasse à posteridade graças ao livro que lhe dedicou o seu obscuro admirador africano.

Não chegou até nós essa primeira produção literária de Agostinho. Dela sabemos apenas por intermédio da autobiografia *Confessiones*.

É bem notável e profundamente simbólico que a primeira obra de Agostinho versasse tema estético. Durante toda a sua vida continuou ele fiel a sua orientação. Agostinho não deixou nunca de ser o cantor da beleza. Ainda que nesse tempo, como parece, ignorasse os célebres diálogos dos grandes discípulos de Sócrates — *Fédon*, *Górgias*, etc. —, são profundamente platônicas as ideias de Agostinho.

O Cristianismo agostianiano é platônico, religião da luz, da beleza, da estética, do coração, do amor — assim como o Cristianismo de Tomás de Aquino é antes a religião da inteligência, do raciocínio sóbrio de Aristóteles.

"*Num amamus aliquid nisi pulchrum?*", pergunta ele a seus amigos: será que amamos algo que não seja belo?

No *De civitate Dei*, quando fala da ressurreição dos corpos, acha que o corpo humano deve ressurgir para uma vida nova e com todos os membros devidamente purificados, "porque esses membros são belos", e o que é belo não pode perecer para sempre. Para Agostinho, o "belo" é tão imortal como o "verdadeiro".

Hiério não respondeu à gentil dedicatória e oferta do livro de seu desconhecido admirador.

Agostinho continua a lecionar retórica em Cartago, procurando amenizar a monotonia da sua "taverna de vender palavras", como apelida sarcasticamente a sua profissão, com o estudo de novos sistemas filosóficos e religiosos.

A astrologia levou-o, aos poucos, ao terreno mais seguro da astronomia. O estudo desta ciência encheu-lhe a alma de dúvidas sobre a exatidão da doutrina de Manes. A arbitrária cosmogonia do maniqueísmo contradizia em muitos pontos as firmes realidades da cosmologia.

O simples "ouvinte" da seita resolveu expor as suas dúvidas a alguns "eleitos" da doutrina. Mas, em vez duma solução, teve como resposta apenas este magro consolo: "Espere até que venha o nosso bispo Fausto".

Depois de longos anos de espera apareceu, finalmente, em Cartago, esse suspirado Messias do maniqueísmo. Agostinho ouviu-o e visitou-o. Expôs-lhe as suas dificuldades — e retirou-se profundamente decepcionado...

Fausto era um espirituoso literato, um agradável *causeur*, mas não um filósofo nem um sábio. Era incapaz de medir o alcance das objeções do jovem, que procurava sinceramente conciliar a ciência dos astros com as doutrinas dos mestres da seita.

"*Ubi venit, expertus sum hominem gratum et jucundum verbis, et ea ipsa quae alii solebant dicere, multo suavius garrentem. Sed quid ad meam sitim pretiosiorum poculorum decentissimus ministrator? Jam rebus talibus satiatae erant aures meae; nec ideo mihi meliora videbantur quia melius dicebantur, nec ideo vera quia diserta; nec ideo sapiens anima quia vultus congruus et decorum eloquium*: quando (Fausto) chegou, tive diante de mim um homem de presença agradável e de palavras jucundas, que sabia exprimir com torneios muito mais suaves as mesmas coisas que outros costumavam dizer. Mas que adiantava para saciar a minha sede o fato de ser o servente da taça um homem simpático? Das coisas que ele proferia já estavam fartos os meus ouvidos; nem por isso me pareciam melhores porque eram ditas de modo mais elegante; nem por isso verdadeiras porque eloquentes; nem por isso me parecia mais sábio o espírito porque o semblante era atraente e a frase bem cuidada."

Desde então, foi Agostinho um cético. A verdade, a grande e saudosa verdade, pela qual suspirava o seu espírito sedento e exausto de infrutíferas migrações, começou a se lhe afigurar como simples miragem do deserto, ilusório oásis, que o fatigado viajor nunca atingiria, por mais que andasse e sofresse...

❖

Planos de viagem.
Adeus, Cartago!

Dilacerado de profunda insatisfação interior, agitado de cruéis solicitudes pelo futuro dos seus, dolorosamente decepcionado nas suas aspirações metafísicas, concebeu Agostinho o plano de atravessar o Mediterrâneo e procurar paz e salvação em um novo ambiente — na capital do Império. Lá estava o seu querido amigo Alípio, que acabava de terminar os estudos de Direito. Para lá o chamavam os amigos Marciano, Honorácio, e outros.

Indica Agostinho como um dos motivos desse passo a selvageria dos seus ouvintes cartagineses, que obrigavam o professor a um rigor e a uma energia de que este não dispunha. Em Roma, esperava encontrar ambiente melhor, mais humano, mais propício para sua futura carreira. Mulher e filho ficariam na África até que ele encontrasse posição garantida.

De mais a mais, Agostinho sentia-se cada vez menos seguro em Cartago. O imperador Teodósio perseguia inexoravelmente a heresia de Manes, chegando ao ponto de decretar pena de morte para os adeptos impenitentes — e Agostinho era conhecido como um dos principais caudilhos da seita, para a qual conquistara inúmeros amigos.

Quando Mônica soube do plano do filho, viu por momentos desmoronarem todas as esperanças da sua vida. Que seria dele, de sua alma, se se subtraísse ao influxo da fé? Quem o revocaria dos seus erros? Quem o conduziria ao seio da igreja do Cristo, naquela Babilônia de Roma, foco de todas as aberrações espirituais da época?...

Foi a Cartago. Cingiu nos braços o seu filho pródigo. Conjurou-o que não fosse a Roma, ou, pelo menos, a levasse em sua companhia.

Agostinho, embora com o coração a sangrar, permaneceu irredutível.

No porto de Cartago estava surto um navio com destino à Itália. Esperava pelo primeiro vento propício para içar velas. Mas a calmaria era total. A atmosfera, pesada e úmida.

Agostinho dirigiu-se ao porto, seguido de sua mãe. Enganou-a dizendo que ia apenas a bordo para ver um amigo que partia.

Passaram dias e noites. Continuava a mesma calmaria.

Na véspera da partida estava o navio ancorado num pequeno porto, ao norte da cidade. À beira-mar havia uma capela dedicada a São Cipriano, patrono de Cartago. Sugeriu Agostinho à mãe a ideia de passar a noite orando nesse santuário. Mônica para lá se dirigiu em companhia do filho. Não o perdia de vista.

Caiu a noite. Mônica derramou sobre o altar do santo a angústia do seu coração.

Depois de muito orar e muito chorar, sentou-se numa das galerias que circundavam o templo, no meio de outras pessoas que lá passavam a noite.

Exausta da longa espera, adormeceu, finalmente, sobre o frio lajedo da galeria...

Agostinho aproveitou a ocasião para se esgueirar e embarcar apressadamente.

Antes de clarear o dia, o veleiro levantou ferro. Sopravam ventos galernos. E lá se foi Agostinho, rumo à Itália, deixando sua pobre mãe submersa em sono no santuário de São Cipriano...

Adeus, Cartago, adeus, África, adeus, almas queridas!...

A vastidão do mar, as belezas da alvorada — nada, nada foi capaz de aliviar o pesadelo que oprimia o coração de Agostinho...

Com a alma dilacerada de desarmonias, réu de enganar sua mãe, que tanto o amava e tanto por ele sofria — sentia Agostinho náusea de si mesmo, e quase desejava que as ondas do Mediterrâneo o tragassem de vez com todo esse inferno da sua miséria e da sua infelicidade...

Tudo suporta o homem quando suporta a si mesmo.

Mas Agostinho não suportava mais o próprio ego...

Tinha nojo de si, nojo da sua vida, nojo do passado e do presente — e não podia divorciar-se desse tormento da consciência culpada...

Vem, ó morte querida!... Vem libertar-me do inferno de mim mesmo!...

❖

No labirinto romano.
Trabalhos. Desânimo

Seria em fins de agosto ou princípios de setembro quando Agostinho pôs pé na capital do Império.

E, logo no início, foi colhido pela febre, que era então muito comum nesses meses úmidos de outono.

Convidado por um "ouvinte" do maniqueísmo, hospedou-se num dos últimos andares dum edifício.

Com pouco dinheiro no bolso, com a alma rasgada de desarmonias, prostrado na cama, ora a arder em fogo, ora sacudido de gélidos arrepios, julgava Agostinho chegada a sua última hora. Um inferno de horrores negrejava-lhe na alma ao pensar que, nesse infeliz estado moral, teria de aparecer ante o divino juiz. Sabia que andava mais longe de Deus do que nunca. Em pequeno, tinha ao menos o desejo de receber, mais tarde, o batismo e guiar-se pela doutrina do Nazareno; mas, agora, nem esse piedoso desejo vislumbrava em sua alma, através da noite do seu desespero...

Lembrou-se de sua boa mãe, que a essas horas se debulhava em pranto e passava noites de dolorosa vigília por causa dele, seu filho pródigo. Recordou-se da perfídia que contra ela cometera na noite do embarque...

Mônica a definhar de saudades e angústias no litoral da África, e Agostinho a morrer de febre e de remorsos num escuro e úmido desvão dessa tristonha Babilônia, como se lhe afigurava a cidade das sete colinas...

Mal entrado em ligeira convalescença, meteu-se pelas ruas de Roma, à procura de alunos para o seu planejado curso de filosofia.

Nunca em dias de sua vida ulterior conseguiu Agostinho simpatizar com a "cidade dourada", como a apelidavam seus habitantes, em vista dos numerosos telhados de ouro. Cartago continuava a merecer todo o amor desse africano.

Depois de longos dias chuvosos, depois de infrutíferas correrias, ruas acima, ruas abaixo, por becos e vielas, nada conseguira o jovem acadêmico. Para um obscuro *rhétor* provinciano era imensamente difícil angariar alunos na orgulhosa *urbs*. As antigas famílias patrícias da opulenta metrópole mediam com mal disfarçado desdém o enfermiço mancebo africano, se é que se dignavam mandá-lo entrar nos luxuosos palacetes. Agostinho não era bastante hábil na tortuosa política de subornar os porteiros, para que o levassem à presença de seus ilustres senhores e patrões e lhe advogassem a pretensão.

Recusas, negativas, desprezos, sobranceira displicência, desdenhoso dar de ombros — tudo isso coube ao filho de Mônica em excessiva abundância. Foram, a bem dizer, semanas de murros e pontapés...

O movimento nas estreitas ruas era um contínuo perigo de vida. Em desapoderado galope costumavam os aristocratas lançar de praça em praça as suas soberbas quadrigas, atropelando, não raro, incautos pedestres e veículos mais modestos. E quando, então, passava uma distinta matrona romana, carregada em luxuosa liteira pelos seus eunucos e circundada do fausto da sua corte, sob as ordens de um *dux* ficava por largo espaço de tempo interrompido o trânsito na respectiva zona urbana.

Depois de um dia desses, cheio de fadigas e desilusões, regressava Agostinho à sua pobre mansarda em casa do amigo maniqueu e suspirava pela morte redentora... Recordava-se das palavras de Sêneca sobre a única entrada na vida e as muitas saídas; "ninguém é obrigado a ser infeliz", dizia o filósofo estoico; "és feliz? Continua a viver! És infeliz? Volta para donde vieste"...

Achava-se a casa onde se hospedou Agostinho no bairro de Velabrius. Era esse bairro o eldorado das pulgas, dos piolhos e de toda a espécie de sevandijas, que se sentiam muito a gosto nessa zona de falta de asseio e higiene. Gregos, sírios, armênios, egípcios e outros emigrantes de terras levantinas e africanas formavam o grosso da população desse bairro. As acanhadas ruas e vielas fervilhavam de marujos, operários, carregadores, estivadores, etc., porque nas proximidades se achavam os depósitos e armazéns do rio Tibre.

Mas quando, após uma dessas noites horríveis passadas ao clarão dum candeeiro, ou duma caçarola cheia de brasas, Agostinho descia da sua "torre de babel" e demandava as zonas residenciais de Roma, parava, extasiado, ante uma montanha de neve, ante o palácio marmóreo de algum magnata da metrópole. Logo ao saltar no porto de Óstia, ficara Agostinho deslumbrado pela magnificência do Septizonium, de Sétimo Severo, gigantesco complexo de castelos e colunatas, que rematava a famosa *via Appia*. No coração da cidade se erguiam, em majestosas colinas, as obras ciclópicas do Capitólio e do Palatino, e, mais além, o imenso anel do Coliseu.

A *urbs* que Agostinho viu era a Roma da decadência, crepúsculo do seu triste ocaso, prelúdio da sua próxima destruição pelos povos nórdicos. Afora um pugilo de sinceros intelectuais e dos adeptos do Nazareno, era Roma uma podridão imensa. Não se cogitava senão em comer, beber e divertir-se. Os "banquetes de Lúculo" estavam na ordem do dia, entre os sibaritas dos palácios. Agostinho conhecia o desbragado sensualismo de Cartago; sabia que o africano, em geral, não primava pela continência e sobriedade; mas o que ele presenciava em Roma ultrapassava todas as raias da imaginação. Não se comia para viver — vivia-se para comer, para se embriagar, para extrair da vida o último requinte do gozo, da luxúria, de glutonaria e voracidade. Afirma um escritor contemporâneo que as bibliotecas de Roma estavam fechadas como os túmulos, que as ciências eram evitadas como veneno, que o romano só se deliciava em corridas de cavalos, circos e carnificinas de atletas e gladiadores nos anfiteatros — e no *pornographicum*[1].

Por ocasião duma grande carestia, foram expulsos de Roma todos os estrangeiros; mas se abriu exceção para três mil mulheres impudicas, porque sem elas não se concebia a vida na metrópole.

Os poderosos do Império açambarcavam quase todo o ouro e as propriedades imóveis, ao passo que milhares de pobres, de indigentes e escravos viviam na miséria, em completo abandono, espreitando ensejo propício para estrangular os seus tiranos.

Símaco, o prefeito de Roma no tempo de Agostinho, possuía vastíssimas propriedades, suntuosos palácios e casas de campo na Sicília, na Mauritânia, por toda parte.

---

[1] Quem visitou certos recintos das ruínas de Pompeia sabe o que significa esta palavra. (N. do A.)

Agostinho não era, certamente, um santo. Mas tinha um coração desejoso de algo que não fosse essa podridão envernizada de cultura; tinha sede dum ideal desconhecido. Repugnava-lhe essa vida grosseiramente material da aristocracia romana. Quantas vezes, nos seus solitários passeios à sombra do Janículo, ou pelos jardins de Salústio, terá repetido a si próprio as palavras que, mais tarde, disse aos seus ouvintes cristãos de Hipona: "Levai um africano a uma terra cheia de verdores e de frescor — e vereis que não ficará; impelido pelas saudades, voltará para os ardores do seu deserto".

Nas horas suaves do crepúsculo, quando o sol submergia nas águas azuis do Mediterrâneo, fugia a alma do jovem númida, qual ave de arribação, para as plagas sulinas; contemplava as águas mornas do golfo de Túnis; repousava no cume do monte Byrsa e banhava-se na atmosfera cariciosa que envolvia a "princesa do sul", a cidade dos amores de Dido e Eneias... Em fantástica fosforescência reluziam ao luar as águas das enseadas, embaladas em verdes pomares e brancos rochedos...

E a alma do africano sentia-se exilada e triste... Imensamente triste...

Onde estariam, a essas horas, aquela mulher anônima e seu filhinho...

E aquela outra mulher, de olhos sempre úmidos, mulher que ele deixara dormente no porto de Cartago?...

❖

Adeus, Roma! Funcionário público em Milão

Após infinitos trabalhos e humilhações, conseguiu Agostinho, finalmente, auxiliado por amigos e correligionários, alguns alunos para o seu curso de filosofia. Foi, sobretudo, Alípio, "irmão de sua alma", que lhe aplainou os caminhos. Alípio ocupava, nesse tempo, o elevado cargo de Ministro da Fazenda, como diríamos em terminologia moderna. Nessa qualidade, gozava de grande prestígio na corte imperial. Convertido ao maniqueísmo por Agostinho, em Cartago, não podia deixar de se interessar pela carreira do colega. Homem de caráter íntegro e de índole prática, servia de oportuno contrapeso ao temperamento impressionável e especulativo do jovem amigo. As diversões sociais levavam os dois rapazes a termos opostos. Agostinho não sentia em si a força de viver castamente e continuou a ser em Roma o que fora em Cartago, amigo das suas amigas — ao passo que Alípio, mais indiferente em face do mundo feminino, se apaixonara pelo anfiteatro e pelas sangrentas lutas de gladiadores na arena.

Logo ao chegar à metrópole, comunicara Agostinho ao amigo que se desligara interiormente do maniqueísmo, porque o julgava incompatível com a física do cosmos. Nem os corifeus da seita sabiam solucionar satisfatoriamente as dificuldades que ele lhes apontara.

Alardeavam os "eleitos" numa vida de rigorosa continência; condenavam como pecaminoso o uso de certos manjares, sobretudo de carnes e de vinho; consideravam impuras as relações conjugais — mas, em sua vida particular, sabiam desforrar-se ocultamente dos sacrifícios que em público ostentavam. Banqueteavam-se nababescamente, usando e abusando de manjares e bebidas "puros", com o fim de se aproximar cada vez mais da "divindade da luz" e eliminar do organismo a "divindade das trevas". Sabia Agostinho de diversos "eleitos" que, inimigos jurados do matrimônio, pelo fato de ele multiplicar a matéria, sede do mal, viviam em secretas desordens sexuais, havendo mesmo entre eles quem se entregasse a repugnantes vícios contra a natureza.

Em suas polêmicas, soube Agostinho manejar, mais tarde, contra essas ideias o látego da sua causticante ironia, arma que o tornava temido de todos os adversários.

Com o bispo maniqueu de Roma antipatizou Agostinho desde o primeiro encontro, porque lhe parecia um campônio sem cultura espiritual, e destituído até de boas maneiras. Ao despedir-se dele recordou a primeira decepção que lhe ocasionara outro pontífice da seita, Fausto.

Embora interiormente desligado do maniqueísmo, continuava Agostinho externamente maniqueu, por motivos de conveniência social. Também era tão cômodo narcotizar a consciência com o suave entorpecente duma moral que atribuía ao "deus das trevas" todos o atos reprováveis do homem, isentando-o de culpa própria...

Não via possibilidade de romper categoricamente com a religião de Manes sem ofender seus amigos e benfeitores, aos quais tanto queria e devia.

Insensivelmente, foi o espírito do infatigável pesquisador descambando para o declive do "ceticismo acadêmico", hospital e leito fofo de espíritos cultos que, depois de exaustivas lutas pela conquista da verdade, encolhem os ombros, num gesto de cansado pessimismo, e perguntam com Pilatos: *"Quid est veritas?"* Que coisa é a verdade? Existe a verdade? E, se ela existe, é acessível à humana experiência?

Que adiantava pesquisar problemas metafísicos, quando os problemas físicos do pão nosso de cada dia atormentavam o pobre lutador, de saúde abalada e bolsos vazios? Tinha lecionado filosofia a uma turma de alunos que, com imenso trabalho e com auxílio de bons amigos, arrebanhara; mas, quando chegava a hora do pagamento, muitos deles desapareciam. Eram menos selvagens, esses romanos, do que os estudantes cartagineses, porém piores caloteiros...

Acabou Agostinho por se convencer de que não podia viver

da profissão que escolhera. A filosofia se revelava péssima "vaca leiteira", dolorosamente ingrata e estéril para seus servidores.

Ocorreu então a Agostinho uma ideia, que é também tábua salvadora para milhares de estudantes de outras terras; voltou os olhos para as alturas do funcionalismo público. Pensou em ocupar um emprego em alguma repartição do governo. Assim estaria livre das incertezas de cada dia e das perfídias do público.

Estava o governo de Milão à procura dum professor para a cadeira de filosofia. Imediatamente se inscreveu Agostinho na lista dos pretendentes. Mas nesse tempo era como hoje: não bastava a competência profissional para conseguir o cargo; era indispensável a proteção dum poderoso da política ou do governo. Não faltou entre os amigos de Agostinho quem recomendasse o jovem a Símaco, prefeito de Roma. Símaco, que fora procônsul em Cartago, era ariano[1] e não simpatizava com a expansão do catolicismo nos grandes centros do Império. Sabendo que o candidato era maniqueu e, portanto, adversário do catolicismo, não hesitou em nomeá-lo professor da cátedra de Filosofia na importante cidade residencial dos Imperadores, onde um inteligente e piedoso bispo conquistava inúmeros adeptos para a religião católica.

Foi assim que, em virtude duma estranha ironia da sorte, foi Agostinho, o pagão e herege, enviado, por obra e mercê de hereges e gentios, à cidade de Milão, onde o filho de Mônica iniciou, mais tarde, a sua fulgurante trajetória de terrível adversário de todas as doutrinas que ele mesmo professara.

Contava Agostinho trinta anos quando, em 384, em luxuosa carruagem imperial, a expensas da Prefeitura de Roma, cortou as vastas planícies setentrionais da Itália, em demanda da cidade episcopal de Santo Ambrósio.

Nessa cidade, esperava o novel funcionário público lançar os alicerces para uma sólida posição econômica e social, e realizar, finalmente, o seu velho sonho de glórias. Chamaria sua querida cartaginesa e seu filhinho Adeodato, e gozaria em cheio a vida, sem deixar de investigar a verdade.

Não contava Agostinho com um poder maior que todos os que figuravam nos seus cálculos — e por isso falharam todos os seus planos.

---

[1] Adepto de Ário, heresiarca do século IV. (N. do A.)

Saulo de Tarso cai às portas de Damasco, no momento em que menos o esperava. E em Milão ia Agostinho ser bombardeado pelo poder do mesmo Cristo.

❖

Agostinho e Ambrósio

"O dia que te der vida nova deve de ti fazer um homem novo"...
Com essas palavras, um tanto enigmáticas, se despedira de Agostinho seu amigo Marciano, naquela infeliz madrugada no porto de Cartago.

Essa vida nova podia ter começado desde já, em Milão — mas não começou...

Agostinho, havia tempo, deixara de ser maniqueu convicto.

A corte imperial, que residia na capital da Lombardia, era católica, mas não ocultava os seus amores pelo arianismo.

Para Agostinho, estava solucionado o problema econômico da sua vida. Ganhava mais que o suficiente para viver com folga. Entretanto, vinha chegando o momento em que a sua crise espiritual entraria no período mais agudo.

Era bispo católico de Milão o hábil estadista e abalizado orador Ambrósio, gênio diametralmente oposto ao de Agostinho, e que, no entanto, devia exercer influência decisiva sobre o destino ulterior do grande africano.

Descendente de família ilustre, filho do ex-prefeito do Pretório dos Gauleses, governava Ambrósio as províncias romanas da Emília e da Ligúria. Era pagão, mas de costumes tão irrepreensíveis e dotes tão invulgares, que, por ocasião da vacância da sede episcopal de Milão, o povo o aclamou unânime como pastor da diocese. Ambrósio, vendo na *vox populi* a *vox Dei*, cedeu à vontade popular. Mas, como era gentio, recebeu primeiramente o batismo e, pouco depois, foi ordenado sacerdote e sagrado bispo.

Não se admire o leitor da vertiginosa sucessão de tão graves acontecimentos na vida de Ambrósio. Nem sempre existiu na igreja a lenta e complicada liturgia hierárquica dos nossos dias.

Ambrósio continuou a governar as suas províncias como de costume, acrescentando aos onerosos cargos administrativos mais as solicitudes do múnus episcopal. Era solteiro e consagrava grande parte da noite ao estudo; pois o dia todo era reclamado pelo expediente e pelas visitas e consultas de todas as partes.

Desde o dia em que a vontade do povo o elevou à dignidade de antístite, intensificou grandemente o estudo das Escrituras Sagradas. Não tardou a iluminar com o fulgor da sua inteligência e o brilho da oratória os púlpitos das igrejas da sua vasta diocese, sobretudo da basílica de Milão.

Agostinho, assim que chegou a Milão, ouviu da fama desse orador, no qual via um filósofo — também um colega. Sem demora resolveu fazer uma visita a Ambrósio, na certeza de que ia ser por ele recebido como em Cartago o fora pelo célebre Vindiciano. Entreter-se-ia com o grande pensador sobre os angustiantes problemas filosóficos e religiosos que lhe dilaceravam o espírito.

"Comecei a amá-lo", escreve mais tarde, "não como um mestre da verdade, que já não tinha a menor esperança de encontrar na igreja, mas como um homem benigno para comigo... Ouvia-o como que para lhe explorar a facúndia, a ver se esta era maior ou menor do que a fama de que ele gozava... A dicção era menos suave e blandiciosa que a de Fausto; mas, quanto ao resto, impossível traçar paralelo: aquele estava enredado nos erros dos maniqueus, ao passo que este ensinava sadiamente o caminho da salvação".

Dolorosa foi a decepção do jovem africano. Decepção, é verdade, de outro caráter do que a que levara das visitas a Fausto e ao bispo maniqueu de Roma. Ambrósio tratou Agostinho com um quê de lacônica superioridade. Agostinho, nas suas obras, refere-se repetidas vezes ao "santo bispo de Milão", chega mesmo a dizer que foi por ele recebido "paternalmente". Mas não consegue ocultar algo de doloroso, que o leitor percebe nas entrelinhas dos seus escritos. Quando refere que Ambrósio *"peregrinationem meam satis, episcopaliter dilexit"* (gostou bastante episcopalmente da minha peregrinação), não será que vibra nessas palavras uma tal ou qual desilusão e, quiçá, uma pontinha de ironia? *Peregrinatio* faz-se a um santuário, a algum célebre foco de espiritualidade. *Satis episcopaliter* quer dizer que Ambrósio viu no professor de filosofia uma simples ovelha do seu rebanho, e ovelha fora do redil, um diocesano qualquer confiado à sua solicitude pastoral.

Não ignorava, certamente, Ambrósio que o seu visitante viera com cartas de recomendação de Símaco, prefeito pagão de Roma. Sabia que Agostinho vinha com a intenção de contrabalançar a excessiva influência do catolicismo milanês na vida social.

É possível que Ambrósio, o eminente conselheiro imperial, bispo e governador, fizesse sentir ao "mercador de palavras" a vacuidade das ideias que professava e a indignidade da vida que vivia.

Não fosse Agostinho sincero investigador da verdade, não possuísse ele a humildade dos espíritos famintos e sedentos de saber, é certo que teria, de início, cortado as relações com o prelado. Teria, possivelmente, movido contra ele e suas ideias intensa campanha. Mas a admiração que o jovem maniqueu votava ao bispo católico era maior que a decepção que sentiu em face da frieza protocolar de Ambrósio. Por demais tinha o filho de Mônica sofrido com os seus tormentos íntimos para fugir duma fonte em que esperava dessedentar a sua alma atormentada.

Ambrósio, é certo, estava longe de se guiar por sentimentos hostis. Era o seu gênio. Habituado ao expediente administrativo, sobrecarregado de trabalhos materiais e espirituais, mal interrompia a leitura espiritual quando assomava na sala de audiências, sempre aberta a todos, a figura franzina do professor de filosofia recém-chegado da África.

Agostinho descreve uma dessas visitas, em que ele se quedava largo tempo, sentado quase defronte ao "santo bispo", a tal ponto assediado de visitas ou abismado no estudo da Bíblia, que parecia prescindir completamente da presença do visitante. Queixa-se Agostinho de que Ambrósio não lhe compreendesse os ardores da carne e do espírito — *"nec ille sciebat aestus meos"* — e que não lhe fosse dado ensejo para uma entrevista em regra — *"non quaerere ab eo poteram quod volebam, sicut volebam, secludentibus me ab ejus aure atque ore catervis negotiosorum hominum, quorum infirmitatibus serviebat"*.

Ambrósio, no apogeu da celebridade, parecia ao ambicioso Agostinho o "homem mais feliz do mundo", se não vivesse sem companhia feminina; pois o celibato que o bispo governador praticava voluntariamente se afigurava ao jovem filósofo "fardo muito pesado".

E, de fato, Ambrósio era um "homem feliz", se poder e prestígio são felicidade. Fora amigo do imperador Teodósio; mentor do jovem príncipe Graciano, e exercia ainda notável influência no conselho de Valentiniano II, cuja corte pagã e ariana trabalhava por reconquistar o jovem imperador de treze anos para as ideologias anticatólicas.

Era intensa em Milão a vida religiosa. Não menores, porém, eram a ambição e a perfídia dos poderosos, que se serviam da religião como trampolim para granjear as boas graças do imperador e galgar o fastígio do poder.

Se Agostinho se declarasse publicamente adepto e defensor do catolicismo, é certo que só teria de lucrar com essa atitude. Bem poderia ele aderir, sem hipocrisia, à Igreja Católica; pois interiormente deixara de ser maniqueu. Mas, já nesse tempo, lhe eram por demais sagradas as suas ideias e saudades metafísicas para as profanar com uma exibição rumorosa ou com interesses materiais.

Por outro lado, acabara num como ceticismo desolador e não mais esperava encontrar em parte alguma a verdade, nem no catolicismo, que lhe parecia o culto da escravidão espiritual e a destruição da personalidade.

As pregações de Ambrósio interessavam a Agostinho não tanto pela sedução da frase, que era bem mais sóbria que a do *rhétor*, mas antes porque lhe descortinavam novos horizontes e prometiam solucionar algumas das suas dúvidas mais cruciantes.

No tocante à Bíblia, teve Agostinho grata surpresa nos sermões do grande bispo. Ambrósio era amigo da interpretação simbólica e alegórica de muitas passagens do texto sacro que, tomadas ao pé da letra, repugnavam ao bom senso e, não raro, à dignidade da causa que advogavam. O Antigo Testamento, que Agostinho abandonara como livro escabroso, repleto de fábulas pueris e até de imoralidades, começou a parecer-lhe, à luz dessa inteligente exegese, menos absurdo e mais aceitável. Bem quisera pedir ao famoso orador esclarecimentos sobre uma série de tópicos obscuros e, aparentemente, inconciliáveis com a dignidade do homem; mas as decepções das visitas anteriores o haviam tornado mais prudente e reservado.

O credo de Agostinho, nesse período, se reduzia mais ou menos a estes pontos básicos: existe um Deus que governa o mundo; a alma humana é imortal. O resto parecia-lhe problemático.

Depois de reiteradas tentativas de aproximação, desistiu Agostinho das visitas a Ambrósio e chegou a dar interpretação estranha a essa sistemática recusa da parte do prelado católico. O que Agostinho queria era discussão de textos bíblicos. Mas Ambrósio quase só conhecia o livro sagrado desde o dia da sua iniciação no Cristianismo. Não era, pois, de admirar que se sentisse fraco em matéria de conhecimentos bíblicos e evitasse medir-se, nesse terreno, com o professor de filosofia, que, talvez melhor do que ele, conhecia os mistérios do texto sacro.

Assim pensava Agostinho, embora outras fossem, provavelmente, as razões dessa atitude de Ambrósio.

Eram tão heterogêneos esses dois luminares do Cristianismo, que dificilmente podiam simpatizar um com o outro — assim como Paulo de Tarso jamais harmonizou, intimamente, com Simão Pedro, ainda que os irmanasse o mesmo ideal.

Agostinho, espírito platônico, gênio labiríntico, caráter cético de Tomé, de rara agudeza; Ambrósio, espírito positivo, dogmático, simples, de calma e lucidez — que admira que entre os dois mediasse intransponível abismo, tanto mais que aquele sentia estuar no sangue as tempestades da libido, ao passo que este parecia pairar acima das misérias da carne frágil?

No meio dos sinceros elogios que Agostinho tece ao prelado, encontramos estas palavras que são como que o soluço de um coração que ansiava pela luz divina e se via condenado às trevas: "Nesse tempo, teria eu sido discípulo inteligente e dócil como nenhum outro, se alguém se tivesse dado ao trabalho de me instruir"...

Em suma: subjetivamente, nada ou quase nada contribuiu Ambrósio para conduzir Agostinho do paganismo ao Cristianismo; objetivamente, porém, foi ele o veículo decisivo na vida de Agostinho.

Tão estranhos são os caminhos de Deus!...

...Todas as paralelas encontram-se no infinito...

❖

Planos de casamento. Três mulheres e um homem

Na cidade residencial do imperador católico, à sombra da sé episcopal do grande Ambrósio, num dos maiores e florescentes focos da vida cristã, onde todas as circunstâncias pareciam propícias à ascensão espiritual — em Milão, afastou-se Agostinho ainda mais do Evangelho do que na metrópole africana da luxúria e da heresia.

Afastou-se, porque, depois dum longo período de lutas e infrutíferas odisseias espirituais, resvalou o filósofo pagão, já agora bem instalado funcionário público, para o leito fofo dum comodismo indolente e duma quase completa apatia em face dos grandes problemas do espírito. Tinha mensalmente o seu ordenado, que o punha a coberto dos azares e das incertezas do futuro.

Literatura, poesia, eloquência, filosofia, especulações metafísicas, magia, ocultismo, astrologia, sabedoria de Manes, estudos bíblicos — por tudo isso havia passado o espírito inquieto de Agostinho. E tudo isso lhe parecia agora um acervo caótico, inextricável labirinto de coisas díspares e desencontradas, incapazes de satisfazerem a sua alma tantalizada.

Para que correr atrás de belas miragens, quando elas fogem à medida que delas se aproxima o ludibriado viajor?

Nesse ambiente de desânimo e cansado ceticismo, resolve Agostinho desistir de ulteriores campanhas espiritualistas, instalar--se com o maior conforto possível nesta vida material e gozar o que gozar se pode na fugaz existência terrestre.

Mandou vir de Cartago a sua amada e seu filhinho. Começou

a viver como os demais cidadãos, honestamente medíocres, satisfeito com as pequeninas gotas de felicidade, ou quase-felicidade, de cada dia, já que não lhe era dado atingir o oceano imenso da felicidade com que sonhara nos tempos juvenis de Madaura. Nesse semiconsciente sonambulismo do espírito cicatrizariam talvez as dolorosas chagas de sua mente.

Agostinho alugou uma confortável vivenda no meio dum jardim. Estava realizando o seu sonho dourado de tempos antigos: morar numa casinha pitoresca, cercada de árvores e canteiros em flor, e levar horas inteiras a filosofar em coisas sublimes — e isto, por cúmulo da sorte, na terra de Virgílio, seu poeta predileto, que tão magistralmente descrevera os amores de Dido e Eneias...

Por um triz se teria perdido, nas areias fofas duma vida pacatamente doméstica, essa impetuosa torrente que viera das montanhas de Deus para revolucionar as almas.

Não tardou a aparecer também Mônica. Parece que nem censurou ao filho a perfídia e a crueldade que este cometera, naquela noite, no porto de Cartago.

Em breve surgiu também uma turma de amigos africanos: Navígio, irmão de Agostinho; Rústico e Lastidiano, dois primos dele, seus diletos amigos Alípio e Nebrídio, e outros. Acontecia naquele tempo o que sói acontecer em nossos dias, quando uma pessoa conquista posição segura e brilhante na vida pública: aparecem logo os amigos e afilhados de todos os quatro pontos cardeais, invocando antigos vínculos afetivos, por vezes bem problemáticos.

Contava Mônica cinquenta e quatro anos. O que a movera a atravessar o Mediterrâneo e procurar o seu "filho pródigo" eram as angústias de sua alma de cristã e de mãe. "Teu filho estará onde tu estás", lhe dissera a noturna visão, e Mônica tinha firme confiança nessa mensagem celeste. Seu Agostinho terminaria a sua odisseia de pecados e heresias aos pés do Cristo redentor. Já nesse tempo merecia ela o título de santa. Vivia com grande pobreza e simplicidade. Jejuava, orava e praticava austeridades mais duras do que muitas virgens do claustro. Pela assídua e diuturna leitura e meditação das Sagradas Escrituras intensificara extraordinariamente a sua vida sobrenatural. Pois, ainda nesse tempo, eram os livros divinamente inspirados o inseparável vade-mécum de todo cristão que levasse a sério a vida espiritual. Na travessia marítima para a Itália correra o navio risco de naufrágio. No meio do geral desespero de passageiros e tripulantes, conservou Mônica perfeita calma e serenidade, porque Deus lhe revelara que tornaria a ver seu filho, a luz do Cristianismo.

Em Milão, apressou-se a procurar o santo bispo. Mas não teve mais sorte do que Agostinho. Ambrósio via em Mônica uma alma profundamente piedosa, mas duma piedade um tanto esquisita, recordando usanças do paganismo africano. Segundo o costume dos cristãos de Cartago, levava a boa mulher ao cemitério de Milão e colocava sobre os túmulos dos mártires cestinhos de pão e de carne. Certo dia, estava a entrar com os seus cestinhos na basílica, quando o porteiro a interpelou e lhe proibiu categoricamente essa praxe, porque o prelado não permitia usos e costumes inspirados na idolatria pagã. Aterrada, voltou Mônica para casa com os seus cestinhos, e abandonou essa forma de piedade.

Quando, um dia, Ambrósio encontrou Agostinho, felicitou-o pela santidade de sua mãe. Em vão esperou o professor de Retórica uma palavrinha de louvor para sua própria pessoa... Ambrósio era um enigma ambulante...

Entrara a vida de Agostinho nos trilhos duma existência burguesmente rotineira e pacata: de manhã, dava as suas preleções. À tarde ficava para as visitas a pessoas influentes e para o entretenimento com os amigos. À noite, preparava a lição para o dia seguinte e lia os seus autores prediletos.

A saúde precária de Agostinho sofria notavelmente com o clima da metrópole lombarda, cujos canais e baixadas exalavam constante umidade, que atacava a laringe do professor, obrigando-o, não raro, a interromper a preleção. Para um filho da África meridional devia o aspecto dos eternos glaciares dos Alpes ser espetáculo inédito e de grande encantamento.

Como todo funcionário público, pensava Agostinho em "cavar" colocação melhor e mais bem remunerada. Sonhava com o cargo de governador de uma das províncias do Império. E é fora de dúvida que, mais dia menos dia, realizaria os seus sonhos ambiciosos, se a carinhosa crueldade da graça divina não lhe demolira, inesperadamente, a soberba torre de Babel.

Apareceu em Milão o antigo argentário Romaniano, amigo e protetor de Agostinho. Implacável inimigo lhe movia pérfido processo, que punha em perigo todas as propriedades do Creso africano. Viera a Milão a fim de falar com pessoas influentes na corte imperial.

Não longe da cidade, à margem do lago Como, residia o famoso milionário Mânlio Teodoro, que fora procônsul em Cartago e, certamente, não era desconhecido de Agostinho. Dedicava o último quartel da sua vida opulenta ao estudo da filosofia platônica e à cultura de imensos vinhedos e olivais. Nas horas vagas, demandava Agostinho o esplêndido "sítio" de Mânlio Teodoro, e, sentados sobre o lago azul, emoldurado em rochas cor de neve, filosofavam os dois e procuravam na sabedoria a suprema beatitude da vida.

"Amava eu a vida na felicidade", confessa Agostinho, candidamente. Nunca lhe sorrira tão bela e amena a existência como agora. Dinheiro, amizades, tranquilidade, amor de mulher e filho, sorridentes perspectivas de mais larga prosperidade e fama — que mais podia desejar um genuíno epicurista?

Fosse Agostinho apenas um desses fartos burgueses dos bairros residenciais de Milão, provavelmente teria desaparecido na atmosfera tépida desse bem-estar, e nenhum filho do nosso século teria sequer notícia da sua existência. Mas é esta a gloriosa tragédia de toda alma naturalmente cristã: sentir-se mais insatisfeita precisamente quando a vida material atinge o zênite da felicidade...

* * *

Neste céu azul de bucólica tranquilidade pairava uma nuvem sinistra — aquela "mulher anônima", que não era a esposa de Agostinho, porém a mãe de seu filho...

Não sabemos até que ponto influíram os amigos e, sobretudo, Mônica em Agostinho para persuadi-lo a que abandonasse a sua amante de longos anos. Era incompatível com a sua dignidade de funcionário imperial viver com uma amásia. Casar com ela? Com essa mulher talvez inculta e sem prestígio social?...

Mônica, a despeito do seu acendrado cristianismo, jamais reconheceria como nora aquela mulher. A presença dela sob o mesmo teto com seu filho era para Mônica ominoso pesadelo, e, como ela cuidava, o maior óbice à definitiva conversão de Agostinho ao Cristianismo prático.

Em face da indiferença ou relutância do filho, saiu a mãe à procura dum "bom partido" para ele, a fim de o pôr, quase de improviso, diante dum fato consumado. Não tardou a descobrir uma menina em condições e que, como todos diziam, encheria as medidas a Agostinho. Possuía também o necessário para que o casal pudesse viver sem preocupações de ordem econômica.

Parece que Agostinho deu carta branca à mãe para agir e assistiu como mero comparsa a essas manobras, como se não fosse ele o centro de tudo aquilo. Trocaram-se as costumadas promessas, de parte a parte — e tudo parecia sair a contento de Mônica. Agostinho era noivo de uma menina honesta e bem dotada.

Entra então em cena a "mulher anônima". Como podia Agostinho repudiar a mãe de seu filho, que por espaço de um decênio lhe fora fiel companheira e dedicada amiga? Como podia obrigá-la a abandonar Adeodato e voltar, solitária, para sua pátria africana?...

Menos desumano e antipático se nos afiguraria o procedimento de Agostinho, se ele resolvera viver, daí por diante, em continência sexual. Mas não era o caso. Repudiava a amiga da sua mocidade, a mãe de seu filho, para casar com outra, com uma estranha — por quê? Porque esta possuía maior prestígio social, mais cultura e talvez mais dinheiro do que a sua dedicada amante cartaginesa, porque assim o decretara Mônica?...

O próprio Agostinho não sabe como harmonizar a verdade com seus sentimentos. É com ardente vergonha e confusão que ele, mais tarde, descreve o drama do seu amor atraiçoado: "Quando arrancaram do meu lado aquela mulher com a qual vivia, sob pretexto de que ela impedia o meu matrimônio; quando separaram o meu coração do seu, do ponto onde o meu estivera unido ao dela — então se me dilacerou a alma, e eu arrastava comigo a minha chaga sangrenta"...

Este "onde estivera unido o meu coração" (*cor ubi adhaerebat*) parece indicar que já nesse tempo não era tão vivo o amor que unia o coração de Agostinho ao daquela mulher. O amor dela era ainda o mesmo, sempre ardente, fiel e dedicado.

Ela, essa amante anônima, essa infeliz repudiada, que cedia o lugar a outra mais feliz, revela admirável grandeza d'alma. Pagã ou cristã, o certo é que a atitude da cartaginesa, no meio dessa tragédia do seu amor, a torna imensamente simpática à posteridade.

Lá estavam duas mulheres e um homem conspirando contra outra mulher.

Mônica, a cristã, Agostinho, o filósofo, e a jovem milanesa, noiva improvisada — todos eles fazem triste figura em face da mulher anônima, que brilha com intenso fulgor, nesse drama cheio de sombras.

Em virtude daquela estranha intuição feminina, adivinhou ela, talvez, que sua presença na vida daquele homem inteligente e sedento de espiritualidade era um entrave, quase um "sacrilégio", porque esse homem tinha de cumprir uma grande missão no mundo, e a companhia duma mulher, fosse mesmo como esposa, seria um óbice à realização do seu alto destino. Sacrificou-se a "anônima", para que o amigo de longos anos pudesse brilhar e tornar-se sem ela o que com ela não se tornaria...

Desapareceu essa nova Agar no deserto da sua solidão...
Separaram-se para sempre....
Adeus, Agostinho!... Adeus, Adeodato!...

A cartaginesa submergiu nas trevas de eterno e impenetrável anonimato — no dia em que Agostinho começou a brilhar com inextinguíveis fulgores para todos os séculos da História. Regressou para sua pátria africana. Jurou e guardou perpétua castidade — solitária e dolorosa fidelidade àquele que não lhe seria fiel...

Assim viveu — e assim morreu a incógnita vestal africana...

Agostinho nunca revelou o nome da mãe de seu filho, mas erigiu-lhe um monumento eterno nesta frase lapidar: "*Et illa in Africam redierat, vovens tibi (Deus) alium se virum nescituram, relicto apud me naturali ex illa filio meo. At ego infelix, nec feminae imitator, dilationis impatiens, tanquam post biennium accepturus eam quam petebam, quia non amator conjugii, sed libidinis servus eram — procuravi aliam*"...

"Voltou ela para a África, e fez voto a ti (ó Deus) que jamais conheceria outro varão, deixando comigo o meu filho natural gerado dela."

Em face de tamanho heroísmo e nobreza d'alma, da parte duma frágil mulher, que, do duplo sacrifício de perder o filho e o pai de seu filho, faz voto a Deus de perpétua continência, sente-se Agostinho como que aniquilado de vergonha e confusão, por não ter ao menos a coragem de viver dois anos em continência sexual; e acrescenta estas palavras humilhantes, verdadeiro ferro em brasa para seu amor-próprio: "E eu, desgraçado, nem sequer fui capaz de imitar essa mulher!... Não tive a paciência de esperar dois anos para receber a minha esposa, e, sem amor ao matrimônio, mas escravo da libido, fui procurar outra mulher"...

Lá está, para todos os tempos e todos os povos, o grandioso monumento que Agostinho erigiu ao seu primeiro e último amor: saiba todo o mundo que a incógnita cartaginesa soube ser mais que uma simples amiga e amante, mais que mulher — soube ser uma heroína de renúncia e um holocausto na ara da mais pura e dolorosa espiritualidade; soube acrisolar na fornalha do sofrimento e da oração o ouro do seu grande amor e tornar-se assim digna daquele que, nesse tempo, ainda não era digno dela...

Parece que essa fenícia anônima dos bairros de Cartago aceitou resignadamente o cruel repúdio do homem que amara durante nove anos e continuava a amar em silêncio, porque via que sua presença na vida de Agostinho seria um impedimento para a futura grandeza dele.

Há mulheres singularmente clarividentes, e há no "sexo fraco" almas capazes de imolar a sua própria felicidade na ara da felicidade alheia. Por vezes, o verdadeiro amor atinge estas alturas, desconhecidas aos amantes vulgares...

Ao pé deste monumento ereto à grandeza feminina cavou Agostinho o abismo da sua profunda miséria moral: esculpiu no pedestal desse obelisco a mais humilhante de todas as suas *confessiones*: eu, desgraçado, mais fraco que a fragilidade duma mulher, me degradei a vil escravo de luxúria em face da sublime renúncia dessa heroína anônima...

Mais tarde, porém, levantou Agostinho sobre esse mesmo abismo da sua vergonha um monumento que talvez tenha ultrapassado as excelsitudes espirituais da solitária vestal do litoral africano...

Falharam, pois, os planos de Mônica. Falharam as esperanças daquela noiva da última hora... Nem uma nem outra conheciam o verdadeiro Agostinho.

Mal embarcara a cartaginesa para o eterno exílio, quando o filósofo gentio se sentiu tomado de um grande horror à solidão. "Parecia-me a mais acerba das misérias", escreve ele, "ver-me privado das ternuras duma mulher". A sua noiva era menina; só daí a dois anos poderia levá-la como esposa. Dois anos! — tempo demais para a incontida sensualidade desse homem. E veio o grande escândalo...

Mônica ficou como que alucinada ao saber que Agostinho vivia com outra amante. Orava, jejuava, flagelava-se, chorava diante de Deus, suplicando-lhe fosse propício ao plano matrimonial que ela tão bem engendrara e do qual esperava mudança de vida para o filho.

Tudo em vão. O silêncio da voz divina parecia uma reprovação dos cálculos de Mônica...

Agostinho, depois dessa vergonhosa recaída, parecia pior que nunca. Não só se entregava de corpo e alma à nova paixão, mas parecia possesso dum verdadeiro demônio de luxúria e de cinismo. Procurava arrastar aos mesmos vícios todos os seus amigos. O próprio Alípio sentia-se abalado na sua castidade, e, mais por curiosidade do que por sensualismo, resolveu saborear o fruto proibido. Agostinho fez-lhe ver que gozos eróticos e vida sexual eram ótimos para a "filosofia dos sentimentos", que todo verdadeiro intelectual devia conhecer de ciência própria.

No meio dessa sua vida desregrada, cultivavam esses jovens filósofos o que depois deles, através de todos os séculos, constituiria e constitui ainda ocupação predileta de numerosos intelectuais: o esporte da verdade. É no jogo das ideias, é na agridoce nostalgia de intangíveis ideais metafísicos que eles fazem consistir a razão de ser da sua vida e a sua chamada "religião". Não querem ferir-se nas agudas arestas da cruz do Gólgota, mas também não querem passar por grosseiros materialistas. Por isso, brincam de cristianismo e namoram com a Verdade, assim como um rapaz leviano passa a vida brincando com a jovem que não quer como esposa, nem quer deixar como amante, fazendo-a joguete dos seus caprichos. "*Odi profanum vulgus et arceo*", dizem eles com Horácio: odeio o vulgo profano e dele me afasto. Odeiam o mundo — cujas delícias gozam sem cessar, filosoficamente... Folgam no "paraíso das ideias", encontram-se no "recanto dos filósofos". Com Lessing procuram a verdade pelo gosto de a procurar, e não pela esperança de a possuir. A posse da verdade, dizem eles, é direito privativo de Deus; ao homem só lhe compete ir à busca da verdade. E nesse inquieto procurar, dizem, há maior satisfação do que no tranquilo possuir — assim como o arrojado bandeirante prefere as arriscadas aventuras de ínvias florestas à suave vida doméstica no meio dos seus.

Este narcisismo da inteligência era o vício científico daquele grupo de filósofos afro-latinos que se reuniam na convidativa casa de campo, nos subúrbios de Milão. Fundaram um simulacro de convento para amigos de filosofia, incerto prelúdio daqueloutro que Agostinho fundaria, mais tarde, em Tagaste e em Hipona. Eram dez ou doze os "monges" desse claustro sem clausura nem votos. Chegaram ao ponto de elaborar uma espécie de Regulamento, pelo qual se guiavam os "cenobitas" dessa original Tebaida em plena sociedade. Esqueceram-se, porém, de um ponto capital — as mulheres. Cada filósofo na sua cela — muito bem. Mas onde ficariam as belas filhas d'Eva? Estariam de acordo? Não fariam questão de morar com os seus Adões sob o mesmo teto? E haveria naquela casa espaço para tantas famílias? E sabe Deus quantas crianças a perturbar o sossego dos filósofos!... Se Agostinho não estava mais com a "anônima", tinha de contar com a "menina" (para nós também anônima), que era a sua noiva convencional e devia ser sua esposa.

Em sua autobiografia se queixa ele acerbamente da frustração do seu belo sonho cenobita. "Éramos três homens esfaimados, e a nossa boca só se abria para deplorar a nossa miséria, e esperávamos por um tempo determinado para de ti, ó Deus, receber alimento. E quando com o olhar abrangíamos as nossas ações humanas, que tua misericórdia enchia de amargura, e quando suspirávamos pelo termo dos nossos sofrimentos, não enxergávamos nada senão só escuridão. Então voltávamos as costas e suspirávamos dizendo: até quando?... até quando?"...

Assim foi Agostinho arrastando a sua vida, tão cheia de diversões — e tão terrivelmente vazia.

❖

A grandeza de uma mulher anônima

Nenhuma das biografias de Agostinho que conheço focaliza a figura daquela mulher com a qual Agostinho viveu nove anos e que foi a mãe de seu único filho, Adeodato. Mônica não permitia que seu querido caçula casasse com essa mulher, que talvez fosse uma pobre operária analfabeta, dos bairros de Cartago. Mais ou menos dos vinte e dois até os trinta e um anos, viveu Agostinho com essa fenícia morena, cujo nome não consta sequer da sua autobiografia, mas que o amava ardentemente — tanto assim que seguiu o fugitivo para a Itália e o descobriu finalmente em Milão. Imagine-se a coragem de uma mulher, com um filho de cinco a seis anos, sem o auxílio de um homem, meter-se num desses navios veleiros sem o menor conforto nem segurança e arriscar-se na horrível travessia do mar Mediterrâneo! E depois, o trabalho da busca em Roma e em Milão, até finalmente encontrar o pai de seu filho.

Também Agostinho, como consta das palavras dele, amava essa mulher, que deve ter tido irresistível fascinação para o jovem estudante de filosofia na grande metrópole africana; pois Agostinho se revelou sempre um exímio esteta, sensível a todas as belezas.

Mas... faltava à fenícia anônima um predicado importante: ela não tinha *status*, como diríamos hoje; ela não tinha condição social; ela era, possivelmente, da baixa classe dos operários ou estivadores do porto de Cartago — e Mônica, a "santa" ambiciosa, não permitia que seu filho filósofo, já no início da sua celebridade, casasse com uma mulher dessa condição. Agostinho teria casado com sua amante de nove anos de convivência, mas teria de entrar em conflito violento com sua mãe, que ele amava. Por isso, obedeceu à cruel injunção de Mônica e mandou embora a moreninha de Cartago, privando-a ao mesmo tempo do marido e do único filho.

E isso com a agravante sumamente dolorosa de ela saber que ia ser substituída no seu amor por uma jovem italiana.

A jovem fenícia anônima se despede de Agostinho e de Adeodato, jurando que jamais seria mulher de outro homem por toda a sua vida — e desapareceu para sempre na obscuridade do seu grande sacrifício de mulher e de mãe.

A história só conhece a santidade de Agostinho e de Mônica. Possivelmente a fenícia anônima nunca se tornou cristã no sentido oficial da palavra; mas não revela a sua heroica atitude a mais pura cristicidade? Será que algum dia essa heroína anônima não será considerada mais crística do que os cristãos, Santo Agostinho e Santa Mônica?

A elite da humanidade dos nossos dias está começando a dar mais valor à *experiência* do que à *crença*. Se essa mulher anônima não tivesse tido uma grande experiência espiritual — anônima e desconhecida como ela mesma —, teria ela sido capaz de aceitar sem protestos nem amargura o repúdio de Agostinho e o desprezo de Mônica?

Se Agostinho e Mônica tivessem praticado essa crueldade para que o filósofo cristão fosse um *brahmacharya* de abstenção sexual, menos dolorosa teria sido a renúncia da fenícia — mas ela sabia que ia ser substituída por outra mulher, considerada mais merecedora de Agostinho que ela. Verdade é que Agostinho mais tarde viveu sem mulher, mas disto nada sabia nesse tempo a heroína africana.

Agostinho tece estranhos louvores à espiritualidade e à genialidade de seu filho Adeodato, que morreu aos treze anos. Não haveria uma relação secreta entre o caráter angelical do menino e a silenciosa heroicidade de sua mãe?

❖

Perseguido pelo Cristo. Crise redentora

A vida do apóstolo Paulo é grandiosa depois da sua conversão. Ignoramos as lutas íntimas que precederam a inesperada e quase violenta crise às portas de Damasco.

A vida de Agostinho tem caráter diametralmente oposto àquela. O que nos interessa na conversão do africano é precisamente o longo e doloroso período que precedeu a crise final, em Milão; essa odisseia dum espírito genuinamente humano, tão humana como a de quase todos os homens que, através dum inferno de lutas, conseguem, finalmente, arribar, não às praias dum paraíso de felicidade, mas pelo menos ao purgatório dum sofrimento resignado, compreendido e serenamente cristão.

A conversão de Saulo parece repentina, instantânea, e, por isso mesmo, para nós sem proveito psicológico, inacessível a toda investigação.

A conversão de Agostinho, porém, é um drama que se desenrola paulatinamente, ato por ato, cena por cena. Podemos acompanhar cada uma das fases evolutivas dessa emocionante epopeia das trevas à luz. E, por fim, nos vemos em face desta grande verdade: o homem que uma vez em sua vida sentiu dentro de si as saudades de Deus — seja mesmo do Deus desconhecido — acabará finalmente aos pés do Cristo. A maior desgraça é não ter nunca sentido esse tormento da Divindade. Por mais que a força centrífuga dos seus erros e desvarios o arremesse à periferia dum mundo sem Deus, esse homem acabará por ser atraído pela força centrípeta da sua imanente nostalgia para o invisível foco dinâmico: "Deus".

"*Rebelles etiam ad te nostras compelle voluntates*", diz uma das mais profundas orações da liturgia: compele para ti, ó Deus, as nossas vontades, mesmo rebeldes.

Pode a vontade ser compelida a voltar para Deus, sem que seja violado o intangível privilégio do livre-arbítrio? Não consegue o homem fugir a Deus pela tangente do erro e do mal, para o eterno vácuo do sem Deus? Cedo ou tarde, será compelido pela graça a querer voltar. A graça não obriga o filho pródigo a voltar à casa paterna, mas faz que ele *queira* livremente voltar. É esta a maior vitória do Altíssimo: fazer que o homem *queira livremente* o que antes não queria nem à força.

Se Deus obrigasse o homem a conhecê-lo e amá-lo, assim como obriga os astros, as plantas e os animais a lhe prestar inconsciente e involuntária homenagem, que haveria nisso de extraordinário? Mas o fato é que Deus dá a todo homem plena liberdade para conhecê-lo e para não conhecê-lo, para amá-lo e não amá-lo — e, no entanto, esse homem, conhecedor da árvore do bem e do mal, se decide livremente pelo bem; o homem, com perfeita autonomia e espontânea decisão, resolve oferecer a Deus o preito do seu conhecimento, amor e serviço. E isso reverte em imensa glória para Deus. "*O felix culpa!*", exclama o cântico do *Exultet* — ó culpa feliz de Adão, que tal e tão grande Redentor mereceste!...

* * *

Estava Agostinho em vésperas de fechar a grande curva que, havia trinta anos, o distanciava cada vez mais do centro do seu verdadeiro destino. Tinha chegado ao extremo apogeu da sua iniquidade. Com o repúdio da mãe de seu filho, com a aceitação de outra noiva, e, ainda por cima, com a vergonhosa recaída à escravidão da sua desenfreada luxúria, perdera Agostinho, também aos olhos de todo homem sensato, o último resquício de simpatia, de atrativo e de bela humanidade. Agostinho, além de pagão e herege, libertino e sedutor, acabava de se tornar também uma repelente caricatura de homem, de amante, de esposo, de amigo.

Reduzido assim ao profundo abismo da sua miséria, era chegado o momento de estender mãos suplicantes à altura da divina Misericórdia.

* * *

Havia tempo que Agostinho deixara de ser internamente maniqueu, como dissemos. Renunciara à ideia de dois deuses eternos, autores do bem e do mal. Sabia que o mal vinha dele, do abuso de sua liberdade. Mas não possuía ainda a necessária humildade para aceitar a doutrina sobre o pecado próprio e a necessidade duma redenção divina. Cria ainda numa ego-redenção. Redenção pela ciência, pela filosofia, pela arte, pelo amor, por qualquer grandeza humana. A queda do homem pelo ego adâmico e o erguimento pelo Eu crístico — duras demais eram para seu orgulho e sua vaidosa autonomia essas verdades básicas. "O meu rosto inchado de orgulho", diz ele, "fechava-me os olhos".

Certo dia, um dos seus amigos entregou-lhe os diálogos de Platão, traduzidos para o latim pelo famoso *rhétor* Vitorino. Compreendeu Agostinho que o *Lógos* (Verbo) de que falava o exímio pensador existia independentemente do tempo e do espaço. E não falava também João Evangelista, do *Lógos*, que no princípio estava com Deus e que era Deus?...

Agostinho continuou a ler, e com crescente surpresa verificou que muitas doutrinas do profeta de Nazaré estavam contidas, em germe, na filosofia de Platão. Por algum tempo reacendeu-se na alma do africano a esperança de possuir a Deus nos caminhos da inteligência. Pesquisar, conhecer, analisar, intensificar ao mais alto potencial a capacidade intelectiva — não seria isto uma escada para galgar o céu?

Era o último sorriso da filosofia pagã... Era o derradeiro lampejo dum dia que para sempre morria nos braços duma noite estrelada...

Ainda não acabara o filho de Mônica de se convencer de que não se pode possuir integralmente a Deus pela luz fria do intelecto. Não sabia ainda que a inteligência só pode conduzir a alma até o vestíbulo do santuário, até o *sanctum* do templo; mas introduzi-la nos inefáveis mistérios do *sancta sanctorum* — impossível...

Não eram Platão nem Aristóteles, nem filósofo algum que ia descerrar as portas da fé a esse espírito sedento de Deus — era Paulo de Tarso, ou melhor, o próprio Cristo por intermédio das epístolas de seu grande discípulo...

Pela primeira vez começou Agostinho a vislumbrar luzes estranhas por entre as palavras do grande convertido às portas de Damasco. Paulo exigia, sim, um "culto racional", falava até em "compreender" o Evangelho; mas insistia ainda mais, muito mais, na necessidade de "viver" e de "sofrer" a doutrina do Cristo. Não basta apreender a Deus por meio de elevados conceitos filosóficos, é necessário purificar o coração e dar a toda a vida um caráter digno de Deus. O Evangelho não é para ser estudado, é para ser vivido e sofrido. Só o compreende quem o vive e sofre. Não se pode viver e sofrer o Evangelho senão à luz estelar do Getsêmani e à luz solar do Gólgota. Todos os homens que pretenderam conhecer o Cristianismo apenas à força de estudos e análises ficaram eternos analfabetos e descompreenderam o Cristo e seu Evangelho.

Agostinho, por entre o crepúsculo matinal da nova compreensão, continuou a ler, a soletrar, talvez, os rudimentos da fé cristã...

"Deus resiste aos soberbos, mas dá a sua graça aos humildes"...

"Bem-aventurados os puros de coração, porque eles verão a Deus"...

"Graças te dou, meu Pai, porque revelaste estas coisas aos simples e pequeninos e as ocultaste aos eruditos"...

"Deus cura o coração que sangra, e esmaga a mente soberba"...

"O homem mental não compreende as coisas do espírito de Deus; parecem-lhe até estultícia; nem está em condições de as compreender, porque elas devem ser tomadas em sentido espiritual"...

"Vinde a mim, todos os que andais aflitos e sobrecarregados, e eu vos aliviarei, e encontrareis paz para a vossa alma; porque o meu jugo é suave e o meu fardo é leve"...

"Encontrareis paz para a vossa alma"...

Agostinho repetia a si mesmo, uma e muitas vezes, essas palavras dulcíssimas. Paz... paz... paz... Bebia o divino refrigério dessa palavrinha com a sofreguidão dum homem prestes a morrer de sede...

Paz... sossego de espírito... tranquilidade de consciência... quietação do tormento atroz das suas dúvidas... felicidade na posse da verdade...

Nada disso encontrara Agostinho em sua vida, não obstante o bem-estar e a prosperidade que o cercavam nos últimos tempos...

Compreendeu, com amarga tristeza, que, para possuir a Deus, teria de abandonar tantos ídolos queridos da sua vida mundana... Homem de trinta e dois anos, ardente, sensual, noivo duma menina de boa sociedade, ex-amante duma mulher repudiada, amante de outra que o prendia com os vínculos de irresistível paixão... Homem com a cabeça cheia de planos e projetos ambiciosos — como podia ele fazer dessa Babel profana um silencioso santuário da Divindade?...

"Prendiam-me à carne as amigas de outrora", escreve ele, rememorando esse período, "e segredavam-me ao ouvido: 'Queres então abandonar-nos? Como? Mas reflete: a partir desse momento, não estaremos mais contigo, nunca mais, para todo o sempre... *Non erimus tecum ultra in aeternum*'"...

Agostinho escutou, atento, essas vozes da carne e do sangue... Olhou para as amigas de outrora... Amigas queridas... E, repleto de amor e de ódio ao mesmo tempo, respondeu-lhes: "Bem vos conheço!... Vós sois os desejos, a desmedida concupiscência, as fauces insaciáveis e sem fundo!... Demais tenho sofrido por vós!"...

Elas, porém, essas "amigas de outrora", não se rendiam. Vendo--se em perigo de serem por Agostinho repudiadas, redobravam de encantos e jogavam ao cenário todos os argumentos de que dispunham para enredar a alma do homem que tentava fugir-lhes das garras:

"Que importa?", diziam as vozes sedutoras. "Que importa que sofras?... Quem sabe se não é precisamente esta a única felicidade para ti, sofreres por nossa causa, sacrificares sempre de novo o teu corpo às fauces insaciáveis, sem termo nem medida"...

Tamanha é a perfídia da paixão! Uma vez que não pode ocultar à sua vítima a profunda infelicidade, o sofrimento que lhe causa, quer levá-la a crer que é precisamente nesse martírio que consiste a missão do padecente; quer persuadi-la de que ela é um mártir do destino, um herói, um super-homem, um holocausto imolado na ara sagrada dum sublime mistério; quer convencê-la de que a grandeza do escravo dos apetites consiste em se exaurir e aniquilar, gota a gota, nesse delicioso inferno da paixão, nesse incêndio voraz da carne e do sangue...

É essa a narcose fatal da volúpia...

É essa a mística satânica de Eros...

"Vossas palavras", replicou-lhes o melhor Eu de Agostinho, "são de covardes. Mas para mim ainda existe outra felicidade além desta de que falais. Sim, há outra felicidade... Tenho disto plena certeza"...

Palavras tão enérgicas fizeram emudecer, por algum tempo, as "amigas de outrora". Estas, porém, não deram o jogo por perdido. Excogitaram outra tática, e voltaram à ofensiva:

"Mas quem te garante que não renuncias à nossa felicidade por uma ilusão fantástica, mais inconsistente que a nossa? Confias demais em tuas forças... Nunca serás capaz de viver sem nós..."

Agostinho estremeceu. Sentia-se atingido no ponto vulnerável, no seu "calcanhar de Aquiles"... Grande era a sua fraqueza, poderoso o hábito do vício. Ardente a sua imaginação, que potencializava ao infinito as dificuldades da renúncia e duma vida pura. Começou a fantasia a trabalhar febrilmente, pintando-lhe em cores deslumbrantes os gozos da vida, esbatendo ao mesmo tempo em tom de cinza e noite a vida espiritual. Renunciar a quê? Se fossem apenas os prazeres sensuais, talvez que ele se sentisse bastante homem para essa renúncia. Mas há na vida do homem inteligente e culto um mundo de pequenos nadas que dão à existência precisamente o mais delicioso sabor e são a alma da sua razão de ser. E o asceta renuncia a todas essas queridas suavidades de cada dia... Vive morrendo... O seu viver é uma lenta agonia...

Percebendo esse recuo do espírito vacilante, os astutos guerrilheiros logo entraram na brecha e segredaram carinhosamente ao ouvido de Agostinho:

"Espera mais um pouco... As coisas que desprezas não deixam de ter os seus encantos... Dão-te grande prazer... Não podes, assim sem mais nem menos, desfazer-te delas... E seria vergonhoso se, mais tarde, depois de as desprezar, quisesses a elas voltar"...

Agostinho, estonteado e como que tomado de vertigens em face dessas visões, deu ordem aos prazeres mundanos para desfilarem a seus olhos. E eles desfilaram, numa deslumbrante parada, orgulhosos e belos como senhores do universo: jogos, lautos festins, música, perfumes, essências inebriantes, lindos corpos femininos, longas noitadas de amor; e, depois, os livros, as diversões, as caçadas, os colóquios com os amigos, a liberdade do pensamento — mundos de beleza e valores, sem os quais não podia chamar-se vida o humano viver...

Não existe em toda a literatura do mundo descrição igual a essa que Agostinho faz do seu estado psíquico, nesse vaivém de esperanças e desânimos, de ofensiva e defensiva, de vitórias e de derrotas. Nenhum homem soube pintar com tão dramática plasticidade a silenciosa peleja dos dois Eus que se digladiam, dentro do homem sempre arrastado à terra pela prepotência dos sentidos e sempre arrebatado ao céu pela veemência do espírito.

Nessa ocasião não se decidiu Agostinho nem pró nem contra suas "amigas de outrora". A sua vontade enferma não tinha forças suficientes para proferir um enérgico e decisivo *eu quero*. Continuou a forrar a vida com a claudicante irresolução de *quisera*, *quise-*

ra... Continuou a "ser devorado pelo tempo", como diz. Deixou-se arrastar pela onda da sociedade, sem saber ao certo o que queria.

Foram também, aos poucos, empalidecendo os seus ideais políticos, em face do quadro de horripilante decadência que preludiava a agonia do império dos Césares.

Agostinho, em véspera da sua grande metamorfose, retraiu-se do público, concentrando-se em si mesmo, numa dolorosa introspecção.

Em transes de extrema agonia interior, quando se tornava insuportável o nojo que Agostinho tinha do mundo profano, e, sobretudo, de si mesmo, dirigia-se à basílica, não tanto para ouvir a palavra eloquente de Ambrósio — que não conseguia sossegar as angústias do seu espírito — como para embalar, por uma hora, ao som de hinos sacros, a pobre criança soluçante de sua alma chagada e infeliz... A ver se aquelas suaves melodias cobriam com uma camada de cinzas frias as brasas vivas do seu espírito...

Ah! esses hinos e cânticos sacros!... como empolgavam a alma do filósofo!... que bálsamo lhe instilavam no coração sofredor!... que visões de paz lhe abriam em pleno campo de batalha!...

Ambrósio era apaixonado cultor da liturgia. Literato, poeta, talvez mesmo compositor, enchia desses sopros sonoros da Divindade as amplas crastas da sua basílica episcopal. Os lindos textos e as suaves melodias que, nos séculos subsequentes, empolgariam milhares de almas e arrebatariam a célicas alturas os adoradores de Deus, muitos deles remontam a esse tempo e nasceram, grande parte, em Milão. O *Te Deum* brotou, provavelmente, da alma desse bispo-governador, desse estadista-sacerdote, desse grande místico de Deus feito apóstolo da sociedade e artista da palavra.

Te lucis, ante terminum...
Magnificat anima mea Dominum...
Benedictus Dominus, Deus Israel
Deus, Deus meus, ad te de luce vigilo...

Quanta poesia nesses cânticos!... Quanta alma nessas venerandas estrofes!...

Sobre as invisíveis asas dos Salmos, pairava no perfumoso espaço da catedral de Milão a alma nostálgica de Agostinho... E, insensivelmente, se enchiam de lágrimas os seus olhos...

"Como eu chorava, meu Deus", escreve ele, "ao ouvir os teus

hinos e cânticos! Como me extasiavam essas vozes! Enchiam-me os ouvidos e traziam-me a verdade ao coração. Mais e mais sentia eu o impulso da minha piedade... E saltavam-me dos olhos as lágrimas... E eu sentia alívio"...

Diluía-se em pranto a asfixiante angústia de sua alma dilacerada de dúvidas, de tristezas, de desespero do mundo e de si mesmo... A música, os cânticos, eram para seu coração uma válvula de segurança, quando ameaçava estalar sob a pressão da agonia interior...

O que não valiam todos os argumentos da inteligência operava nele a saudade do coração.

* * *

Num desses dias de dúvidas e tormentos íntimos, resolveu Agostinho procurar velho sacerdote, por nome Simpliciano. Era o mesmo homem que educara Ambrósio e, talvez, contribuíra para a sua cristianização. Agostinho abriu-se com esse ancião. Falou-lhe dos escritos filosóficos que lia, das dificuldades que sentia em abraçar a religião cristã, etc.

Simpliciano ouviu em silêncio a narração do filósofo africano, e, em resposta, contou-lhe calmamente a conversão do célebre orador Vitorino, que até tinha estátua no Forum Romanum e era universalmente conhecido como um dos mais brilhantes espíritos da época. Havia tempo que Vitorino era catecúmeno, mas não sentia em si a coragem de pedir o batismo e expor-se assim ao escárnio da aristocracia romana, em grande parte pagã. De súbito, num dia de batismo solene, subiu Vitorino ao estrado dos catecúmenos da basílica e fez pública profissão de fé cristã, solicitando o batismo. "Vitorino! Vitorino!", foi o brado uníssono que ecoou pela devota multidão que enchia o vasto recinto.

Agostinho ouviu, atento e comovido, a narração de Simpliciano — e já lhe soavam aos ouvidos delirantes aplausos dos cristãos: Agostinho! Agostinho!

Admirou-se da coragem de Vitorino — e sorriu-se da sua própria vaidade, essa pérfida vaidade que procurava influir na sua conversão ao Cristianismo. Não, ele só abraçaria o Evangelho depois de vencer as suas dúvidas e sentir em si a força para o praticar dignamente.

Assim calculava Agostinho.

Pouco tempo depois, teve a visita dum conterrâneo seu, Ponticiano, alto funcionário da Corte Imperial. Agostinho, Alípio e Ponticiano começaram a discorrer largamente sobre as epístolas de São Paulo, que se achavam sobre a mesa de jogo, no meio das cartas e dos dados. O hóspede africano era cristão, e pôs-se a falar com grande entusiasmo da vida de Santo Antão e seus companheiros, nos ermos no Egito. Faziam muito bem esses ascetas, dizia o orador, em desprezar os bens terrenos, tanto mais que, em breve, todas as riquezas do Império cairiam presas dos bárbaros, que nas fronteiras do norte e do leste se preparavam para uma pilhagem universal. Contou ainda um caso dramático da sua própria vida. Estava o César em Tréveris. De tarde, quando o soberano se divertia no circo, foi Ponticiano passear com três fidalgos da corte pelos arredores da cidade. Afastando-se cada vez mais, chegaram a umas choupanas, onde um grupo de eremitas imitava a vida austera de Santo Antão. Tocados pela graça divina, dois dos áulicos, que eram noivos, resolveram abandonar tudo e servir a Deus, numa vida de oração e austeridade, associando-se aos cenobitas.

Este fato, descrito por Ponticiano com a dramática viveza de quem se acha profundamente emocionado, abalou a alma de Agostinho. Era noivo também ele e trazia na alma um mundo de ambições profanas. Agarrou o braço de Alípio e com desusada veemência lhe bradou no rosto: "E nós?... como matamos o nosso tempo?... Sim, nós?... Ouviste?... Os ignorantes animam-se e conquistam o céu, e nós, com a nossa fria erudição, nos revolvemos na carne e no sangue!"...

Alípio encarou o amigo, aterrado com a estranha expressão de seu semblante e o tom singular da voz.

Agostinho, como que tomado de irresistível comoção, afastou-se a largos passos para o fundo do pomar. Tinha necessidade de estar a sós consigo. O vulcão da alma começava a transbordar-lhe em pranto, e ele queria chorar às ocultas...

Depois de algum tempo, Alípio, apreensivo, foi no encalço do amigo. Encontrou-o, sentado num banco, imóvel, com os olhos cheios de lágrimas. Sentou-se ao lado dele. Agostinho, porém, parecia não dar pela presença do companheiro. Como que alheio ao mundo, só pensava na sua vergonhosa fraqueza, que não lhe permitia rompesse de vez com o passado e começasse vida nova; que se despojasse, enfim, do homem velho e se revestisse do homem novo em Cristo, como dizia Paulo. Era imenso o nojo que sentia de si mesmo...

De súbito, levantou-se e, como que acossado por invisível perseguidor, precipitou-se mais para o fundo da selva. Parou ao pé duma figueira. Deixou-se cair em soluços incoercíveis. Sem a menor resistência, abandonou-se ao sentimento duma dor imensa. Era como se impetuosa torrente, por longo tempo represada, rompesse de súbito os diques e barreiras e alagasse com a potência das suas vagas tudo quanto encontrasse em sua passagem...

Com inimitável viveza e plasticidade descreve Agostinho, mais tarde, essa peleja ingente entre a natureza e a graça, como se dentro dele se digladiassem dois seres adversos: "*Tu, Domine, retorquebas me ad me ipsum, auferens a dorso meo, ubi me posueram, dum nollem me attendere; et constituebas me ante faciem meam, ut viderem quam turpis essem, quam distortus et sordidus, maculosus et ulcerosus. Et videbam — et horrebam... Et quo a me fugerem non erat... Et, si conabar a me avertere aspectum, tu me rursus opponebas mihi, et impingebas me in oculos meos, ut invenirem iniquitatem meam et odissem...*".

"Tu, Senhor, me retorquias para mim mesmo, tirando-me de trás das minhas costas, onde eu me escondera, porque não me queria ver; e me colocavas ante os meus olhos, para que visse quão feio era, quão deformado e sujo, quão manchado e coberto de úlceras. E eu me via — horrorizado... E não sabia para onde fugir de mim mesmo... E, quando eu tentava tirar de mim os olhos, tu novamente me colocavas diante de mim e me impingias aos meus olhos, para que encontrasse a minha iniquidade e me odiasse"...

Agostinho gemia como um moribundo, por entre o silencioso fragor dessa luta de vida e de morte... Estorcia-se como um desesperado em face da vitoriosa ofensiva do Cristo, que, após três decênios de incessante assédio, tomava, enfim, de assalto, a praça forte dessa grande inteligência, o rijo baluarte dessa alma de fogo.

Entretanto, na iminência da derrota, o "velho homem" de baixo, embora agonizante, se defendia ainda com o último resto das suas forças contra o terrível agressor lá de cima... Não, não era possível render-se sem mais nem menos... Entregar para sempre o que durante a vida inteira adorara como ídolo querido...

"*Oborta est procella ingens*", escreve ele, "*ferens ingentem imbrem lacrymarum... Dimisi habenas lacrymis, et prorupuerunt flumina oculorum meorum, et dixi: usquequo, Domine, irasceris in finem? ne memor fueris iniquitatum nostrarum antiquarum!... Sentiebam enim me eis teneri... Jactabam voces miserabiles...*

Quamdiu? Quamdiu?... cras et cras?... quare non modo?... quare non hac hora finis turpitudinis meae?... Et ecce, audio vocem de vicina domo cum canticu dicentis et crebro repetentis, quasi pueri ant puellae, nescio: Tolle, lege! tolle, lege!"...

"Armou-se então no meu interior uma tempestade imensa, trazendo imensa torrente de lágrimas. Soltei as rédeas ao pranto que me arrasava os olhos... E gemia: até quando, Senhor, continuas irado?... lança ao olvido as minhas iniquidades de outrora!... Pois eu me sentia preso por elas. E suplicava com voz miserável: até quando?... até quando?... amanhã, sempre amanhã?... e por que não agora?... e por que não seria esta hora o fim das minhas torpezas?"...

Perdeu-se no vácuo o angustioso clamor de seu coração dilacerado... Só o impetuoso latejar do sangue nas veias túmidas respondia ao bramir da sua tempestade interior...

Eis senão quando percebe uma voz de criança a repetir em cadências rítmicas: *"Tolle, lege! tolle, lege!"*... "Toma e lê! Toma e lê!"...

Agostinho escuta. Donde partia a vozinha infantil? De alguma casa vizinha? Era o estribilho de alguma modinha popular?... Era uma voz do além, um convite de Deus?

Ergue-se o ferido lutador, e, como que sonâmbulo, vai ter com Alípio. Sobre a mesa da casa de campo estava o volume das Epístolas paulinas, que lá havia deixado. Agostinho tomou-o nas mãos, abriu-o a esmo — e deu com as palavras da Epístola aos Romanos (13,11ss): "Vai adiantada a noite e vem despontando o dia. Despojemo-nos, pois, das obras das trevas e revistamo-nos das armas da luz. Vivamos honestamente como em pleno dia; não em glutonerias e bebedeiras, não em volúpias e luxúrias, não em contendas e rivalidades — mas revesti-vos do Senhor Jesus Cristo, e não ceveis a carne para as concupiscências"...

Agostinho fechou o livro, profundamente abalado com o que lera. Não eram essas palavras de Paulo uma resposta do céu ao inferno das suas angústias?... Sim, era necessário despojar-se de vez da noite do seu paganismo sensual e saudar a aurora duma vida nova, espiritual, em Cristo Jesus...

Mostrou o texto a Alípio, e este leu a frase que se segue (14,1): "Acolhei a quem é fraco na fé" — e considerou-a como um aviso do céu para corroborar na fé o amigo vacilante...

Houve momentos de grande silêncio...

Agostinho cobriu o rosto com as mãos — e rendeu-se incondicionalmente ao Cristo...

E foi neste instante solene que desceu sobre a alma do filho de Mônica uma paz imensa, profunda, inefável, divina...

....

Sentiu Agostinho, nessa hora, o que nunca disse nem descreveu, porque é indizível e indescritível... Nos momentos mais humanos e mais divinos da sua vida, todo homem está a sós com Deus, circundado da solitude do Infinito... Sentiu Agostinho o que só pode sentir o homem que, sem reserva, lança o seu pequeno Eu humano ao oceano do grande Tu divino...

Foi esta a hora suprema de Agostinho...

A hora da crise — a hora da redenção...

Cessou a procela da inteligência, do coração e da carne, e fez-se uma grande bonança em todo o seu ser...

E neste momento sentiu Agostinho pela primeira vez, na sua longa vida de gozos e prazeres, o que é felicidade, profunda, profundíssima felicidade...

Morrera o pagão sensual de Cartago — nascera o cristão espiritual de Milão...

"Fizeste-nos para ti, Senhor — e inquieto está o nosso coração até que descanse em ti"...

....

Em companhia de Alípio foi procurar sua mãe para lhe dar parte do ocorrido. Mônica, ainda que radiante de júbilo, não pareceu surpreender-se com a notícia. Tinha a certeza de que, mais dia menos dia, se realizaria o que lhe dissera a voz celeste: "Teu filho estará onde tu estás".

Quando viu cumprida a sua dolorosa missão, sentiu ímpetos de exclamar com o velho Simeão no templo: "Agora, Senhor, despede em paz o teu servo, porque os meus olhos contemplaram a tua salvação!"...

❖

A paz da alma no idílio da natureza

Passara a grande crise na vida de Agostinho. Convertera-se para o Cristianismo. Para ele, essa conversão não consistia em algum ato externo, nem mesmo na recepção do batismo. Esse ritual seria, sim, a ratificação externa da sua regeneração interna. Mas a alma de Agostinho já estava batizada, isto é, "mergulhada" no espírito do Cristo.

Por isso, não se deu pressa em receber o batismo ritual. Estava tomada a sua firme e sincera resolução de pautar, daí por diante, a sua vida pelo Evangelho. O que mais urgia era consolidar esta resolução e esclarecer os motivos dela pelo estudo das Escrituras Sagradas e pela meditação das verdades eternas.

É este um dos traços mais típicos no caráter do filho de Mônica: a seriedade com que encara a vida cristã. Adia por longos anos a sua conversão porque não se sente com forças para cumprir o que esta conversão lhe exige. Mas, uma vez convertido, quer ser cristão integral, e não apenas pagão batizado, um homem qualquer envernizado de cristianismo, como tantos cristãos dos nossos dias.

Escreveu a Ambrósio uma longa carta em que lhe narrava os desvarios da sua vida e manifestava o desejo de abraçar, com seu filho Adeodato e seu amigo Alípio, a religião cristã.

Entrementes, continuou a viver tranquilamente na propriedade rural onde residia com os seus. Agostinho tinha um nome feito. Era funcionário do Império. Ocupava um cargo de projeção intelectual. A sua profissão de fé cristã teria, sem dúvida, provocado extraordinária sensação na cidade e muito além. Os católicos teriam aplaudido entusiasticamente o neófito. Os pagãos e arianos teriam atribuído esse passo não se sabe a que interesses subalternos.

Agostinho, porém, era inimigo de toda exibição. Por demais tinha sofrido pelo Evangelho para profanar agora o filho das suas dores, fazendo dele alvo de elogios ou objeto de invectivas. Bastava-lhe o tesouro divino da paz de consciência. Convalescente, precisava da solidão e do convívio com almas amigas, a fim de robustecer a sua saúde espiritual.

E também as forças físicas. Agostinho sentia-se exausto, com os pulmões em petição de miséria. O clima úmido da Lombardia não convinha ao filho da África.

Faltavam vinte dias para terminar o ano letivo. Não era prudente que o professor de filosofia suspendesse prematuramente as suas lições, provocando comentários e descontentamentos.

Romaniano, que seguira Agostinho para o labirinto do maniqueísmo, resolveu acompanhá-lo também para as alturas do Evangelho.

Num daqueles dias tranquilos, foi relembrado o velho plano de Agostinho de fundar uma espécie de irmandade de homens que quisessem dedicar a sua vida ao estudo da suprema sabedoria. E o plano começou a tomar formas definidas. Voltariam todos para a África. Romaniano custearia com a sua grande fortuna a fundação e manutenção desse mosteiro de filósofos cristãos que hoje talvez chamaríamos *ashram*. O inteligente Nebrídio, o dedicado Alípio, bem como o amigo Trigécio e o professor de línguas Verecundo, colega de Agostinho, logo se apresentaram como candidatos e noviços da nova "ordem".

Possuía Verecundo, perto de Milão, uma propriedade rural, chamada Cassicíaco. Convidou Agostinho, sua família e amigos todos para irem morar com ele e considerarem como casa própria a vasta residência do professor de línguas, enquanto não abrissem, além-Mediterrâneo, o mosteiro definitivo.

É admirável a hospitalidade e o espírito de coleguismo desses africanos.

O jovem Licêncio, dono de forte veia poética, celebrou em elegantes versos a beleza e a vida bucólica desse eldorado dos filósofos, embalado em exuberante vegetação, situado no ponto em que os fartos vargedos da Lombardia setentrional se encontram com as últimas dependências dos Alpes italianos — lindo paraíso a espelhar-se em águas azuis encimadas por esses céus aurirróseos que vemos nos painéis de Paulo Veronese.

A casa de moradia, a julgar pela descrição que dela nos deu Agostinho, parecia-se com as nossas velhas casas de fazenda, onde a comodidade e o conforto prevalecem sobre o granfinismo e o luxo. Vastos pomares, hortas extensas onde a incansável Mônica encontrava largo campo de atividade. Nem faltavam canteiros de flores.

No meio de toda essa exuberância brilhava um sorriso do Éden — Adeodato. O que dele sabemos por intermédio da pena de seu pai é antes misterioso do que compreensível. Era um adolescente de pureza angelical, bom demais para este mundo tão imundo. Não terão as invisíveis asas daquela heroína anônima, que era sua mãe, circundado a alma de Adeodato, preservando-o das angústias de Agostinho? Onde estaria a essas horas aquela mulher que, na sua dolorosa renúncia, nos parece tão digna de admiração como seu grande amigo de outrora? Tem-se feito pouco caso dessa ignota cartaginesa que por um decênio presenciou o drama de quedas e surtos de Agostinho, ao passo que este e sua santa mãe fulguram como astros de primeira grandeza no firmamento da cristandade... Terá ela tido notícia da conversão do ex-amante?... Ter-se-á encontrado com ele em Cristo?... Enquanto Agostinho vivia no remansoso idílio de Cassicíaco, orava e chorava a "anônima" na asperidade de alguma caverna ou numa choupana do golfo de Túnis, relembrando os dias e as noites que passara ao lado daquele homem que só depois do eclipse dessa mulher heroica podia brilhar na noite sagrada da sua grande missão...

Que grandes surpresas nos reservará ainda o futuro, quando conhecermos a verdadeira história da mãe de Adeodato, que era, certamente, muito mais que uma amante vulgar!...

* * *

Aos poucos, ia Agostinho restaurando as forças retemperando a saúde abalada pelos excessivos trabalhos e pelas profundas emoções dos últimos tempos. E foi-se abismando cada vez mais no estudo do Evangelho. Pôs-se a filosofar com ardor sobre a origem da alma humana, problema esse que não daria tréguas a seu espírito até a hora da morte. Donde vem a alma? Dos pais? Do corpo ou da alma deles? Mas como, então, evitar a conclusão da divisibilidade da alma, o que equivaleria à negação da sua imaterialidade? Donde vem a alma? De Deus? Creada por Deus? Mas não era isso fazer Deus autor do pecado original?...

A ideia do pecado original foi, para Agostinho, durante a vida inteira, um problema insolúvel. Entende ele por pecado original, mais ou menos, o mesmo que as nossas teologias eclesiásticas de hoje: um ato pessoal de desobediência da parte de Adão, ato esse cujos efeitos teriam passado para todos os seus descendentes. E, apesar da redenção pelo Cristo, essa tara hereditária continuaria a ser herdada por cada indivíduo humano, e lhe impossibilitaria a salvação.

Nesse inextricável cipoal de paradoxos se debateu Agostinho durante a vida inteira — como se debatem, há quase vinte séculos, os nossos teólogos.

Nada disso tem fundamento no Evangelho do Cristo, que ignora totalmente a ideia de pecado original, no sentido exposto. Toda essa questão remonta a umas poucas palavras nas epístolas de São Paulo, sobretudo aos Romanos, como fizemos ver em nosso livro *Paulo de Tarso*. Escreve o apóstolo: "Por um só homem entrou o pecado no mundo, e pelo pecado a morte — e por um só homem veio o ajustamento e a vida". Como dissemos no citado livro, não é certo, nem mesmo provável, que o grande apóstolo se tenha referido a um ato isolado de um homem chamado Adão, como supõem as nossas teologias. Que quer dizer "por um só homem entrou o pecado no mundo"? De que modo foi Adão responsável pelo tal pecado original?

A palavra bíblica *Adam* é a contração de duas palavras sânscritas, *adi* (primeiro) e *aham* (ego) — o "primeiro-ego", ou seja, o primeiro ser vivo da terra que adquiriu a consciência do ego hominal. Representa assim o *adi-aham* o primeiro estágio do ser hominal, o primeiro ego. No seu estado pré-hominal, no Éden, não tinha esse ser pecado algum, por não ter ainda o uso do livre-arbítrio; era inocente por ignorância e imperfeição. Mais tarde, o ser infra-hominal e inconsciente passou para o plano do ser hominal e consciente, ego-consciente (Adam), e com isso se tornou capaz de ser moralmente bom ou mau, ou, na linguagem simbólica do Gênesis, "comeu do fruto da árvore do conhecimento do bem e do mal". E com isso se lhe abriram os olhos da ego-consciência hominal, simbolizada pela serpente, que, em todas as culturas da humanidade, representa a inteligência humana no estágio do ego, do *adi-aham* mental, mas ainda não espiritual. (O Eu espiritual é, segundo a filosofia oriental, o *Adi-Atman*, o "primeiro-Eu", tão dramaticamente descrito no capítulo 11 da *Bhagavad-Gita*.)

Nesse primeiro estágio da sua homificação vive o homem-ego

na ilusão de estar separado de Deus, de ser uma entidade independente, autônoma, podendo agir por conta própria, possuindo liberdade sem responsabilidade — e o que é isso senão a quintessência do pecado? Pecado é a ilusão duma existência separada de Deus, que gera necessariamente um egoísmo luciférico, satânico. O *Adi-Atman*, o homem-Eu, sabe que "Eu e o Pai somos um; as obras que eu faço não sou eu (ego) que as faz, mas é o Pai em mim (Eu) que faz as obras". Mas o homem-ego ignora tudo isso, e age por conta do seu ego separatista, do seu *adi-aham*, do seu Adam, pelo qual entrou o pecado no mundo.

Aí está a origem do homem-ego, do Adam, coincidindo com a origem do homem-pecador. Neste sentido evolutivo, é o homem--ego, o Adam, o iniciador da humanidade pecadora; não mediante um *ato pessoal transitório* de desobediência, como os nossos teólogos ensinam, mas em virtude duma *atitude hominal permanente* do primeiro-ego, iniciando a evolução hominal, no plano primitivo da ilusão, do separatismo errôneo, que é o pecado.

O homem-ego (Adam) já comeu do "fruto da árvore do conhecimento do bem e do mal", já se acha nessa antítese dualista "bem--mal" — mas não atingiu ainda a zona do homem-Eu, comendo do "fruto da árvore da vida", que é o grande monismo crístico "Eu e o Pai somos um". E, enquanto o ilusório *dualismo adâmico* não culminar no verdadeiro *monismo crístico*, não haverá redenção do pecado, nem imortalidade, predomina a mortalidade do *adi-aham* (primeiro-ego, Adam) — a imortalidade só virá com o nascimento do *Adi-Atman* (primeiro-Eu, Cristo), o "primogênito de todas as creaturas" (Paulo), o "Unigênito da Divindade" (João).

Neste sentido profundamente verdadeiro e evolutivo, não contradizem as palavras de Paulo de Tarso ao Evangelho do Cristo, que focaliza a realidade interna do homem-Eu, e não as facticidades externas do homem-ego.

"Assim como Moisés, no deserto, ergueu às alturas a serpente (ego), assim deve também o Filho do Homem (Eu) ser erguido às alturas, para que todos os que com ele tiverem fidelidade não pereçam, mas tenham a vida permanente." Essas palavras do Cristo iluminam admiravelmente o problema milenar do homem-ego (serpente rastejante) em transição ao homem-Eu (serpente erguida às alturas). O pecado original do homem adâmico é abolido pela santidade do homem crístico — o ego pecador neutralizado pelo Eu redentor.

É nisso que consiste a *justificatio* (em grego, *dikaiosyne*), isto é, o "ajustamento" do ego mediante o Eu, do Adão pecador pelo Cristo Redentor.

Sendo que, nos séculos passados, pouco ou nada se sabia da epopeia evolutiva multimilenar do homem e da humanidade, supondo que o homem tivesse saído diretamente, perfeito, das mãos de Deus e tivesse sofrido desastrosa queda, por obra de Satanás — não era possível formar ideia exata do pecado e da redenção. Hoje em dia, sabemos que o homem, como todas as coisas, veio de Deus, da mesma e única Fonte Infinita — mas que o homem fluiu, no seu aspecto humano, através de milhares de canais infra-humanos, e, futuramente, vai fluir ainda por muitos canais até atingir a sua última perfeição.

Hoje em dia, *creação* e *evolução* não são mais conceitos antagônicos, mas, sim, complementares. O homem veio da Fonte Divina através de muitos canais humanos e infra-humanos.

Se Agostinho tivesse tido ideia exata disso, teria encontrado solução ao problema do pecado original e da origem da alma humana.

* * *

Paulo, o fariseu, prostrado às portas de Damasco, ergue-se como apóstolo, e, antes de evangelizar o Cristo, fica três anos na solidão das estepes da Arábia.

Agostinho, iluminado pela luz do Evangelho — que faz? Deixa-se ficar tranquilamente na solidão bucólica de Cassicíaco, discutindo filosofia platônica. E, mesmo depois de regressar à África, não pensa em evangelizar o mundo. Retira-se ao seu *ashram*, para estudar, em companhia de alguns amigos sintonizados pelo seu espírito.

Lá, o ardente doutor da lei e rabino — aqui, o tranquilo filósofo e eremita.

Lá um discípulo de Moisés, que vê ruir por terra o palácio da sua teologia judaica — aqui, um discípulo de Platão, que assiste ao naufrágio de uma formosa filosofia.

Paulo, depois daquele terremoto, vê-se no meio dum campo coberto de ruínas; mas essas ruínas são pedras de boa qualidade, material para uma nova construção. Errada estava apenas a arquitetura, deficiente o estilo do edifício, mas a matéria-prima do mosaísmo, ora dispersa na estrada de Damasco, podia ser utilizada, em parte, para a gigantesca basílica do Evangelho, que o "sábio arquiteto" ia levantar. Por isso, depois daquele silêncio e introspecção, aparece Paulo como arrojado pregador do Cristianismo.

Mas que faria Agostinho com o material da sua filosofia arrasada? De que serviriam as pedras que Platão, Aristóteles e Cícero lhe haviam fornecido?... Força era procurar material de construção, mais sólido, se não quisesse expor à ruína o edifício que ia levantar nos escombros da sua torre. E Agostinho desce às profundezas da revelação divina, eternizada nas páginas do Evangelho, e dessa mina — a mesma de mestre Paulo — extrai as pedras de granito e o ouro de lei com que edificou o santuário da sua vida espiritual e da sua mística...

* * *

Entrementes, viera o outono do ano 386. Ao sopro das brisas redemoinhavam pelo solo as folhas amarelas das castanheiras e dos plátanos de Cassicíaco. Como as aves migratórias, sentiam essas almas tropicais em si a atração das regiões equatoriais. Mas, contra a sua vontade, teriam de passar na úmida Lombardia mais um inverno. E esse inverno foi para Agostinho a mais profunda solidão que viveu na Europa, solidão em que todo o seu ser mergulhou no oceano da meditação.

E, como a exuberante fecundidade do solo após as chuvas estivais, pululou na alma de Agostinho imensa floração de ideias, que ele imortalizou numa dezena de obras escritas nesse ano.

❖

Saudades da África.
Na praia de Óstia

Na páscoa de 387, dia 25 de abril, quando ao longe começavam a degelar os glaciares dos Alpes, e nos pomares de Cassicíaco desabrochavam as primeiras flores da primavera, dirigia-se um trio de homens para uma igreja de Milão — Agostinho, Adeodato e Alípio — e, em profundo silêncio, receberam o batismo.

Confundia-se o silencioso aleluia dessas almas com os jubilosos hinos da natureza ressuscitada.

A conversão extinguira na alma de Agostinho o gosto pelas coisas do mundo. Só desejava viver para as grandes realidades do espírito — Deus e a alma, e nada mais, como ele dizia. Entregou a sua demissão da cadeira de filosofia. Alguns amigos despediram-se dele, enquanto outros resolveram acompanhá-lo para a África, onde fundariam o sonhado mosteiro dos "amigos da verdade".

Adeodato era o "mistério de sempre, mistério cada vez mais incompreensível. Parecia destinado para uma vida de grande santidade. Com os seus treze a catorze anos e os invulgares dons de espírito, vivia ainda no paraíso da inocência. Herdara do pai as preclaras luzes da inteligência, enquanto a libido passara de largo — Adeodato era um enigma para o pai, quanto mais para nós, que ignoramos o caráter da sua obscura progenitora.

Mônica tomara o véu de viúva consagrada a Deus, vivendo sua segunda virgindade; e em nada teria de modificar o teor da sua vida se com seu filho e seu neto se encerrasse entre as paredes dum claustro.

Um só ideal pairava ante os olhos do neófito: passar o resto da sua vida na solidão do ermo, entregue aos labores espirituais; talvez em alguma caverna à beira do deserto, longe de mulheres sedutoras, livre da lufa-lufa das ambições e da caça às felicidades do mundo. Por demais se convencera Agostinho de que não havia no mundo o que satisfazer pudesse um espírito conhecedor de si próprio e sequioso da Divindade. Ninguém mais lhe arrancaria da alma essa grande e feliz convicção. Sorvera até a lia a taça das delícias da vida: honras, glórias, ciência, celebridade, amizades, amores — e não se sentira feliz.

Agostinho era assaz intuitivo para compreender que o defeito não estava na *quantidade* das satisfações gozadas, mas, sim, na sua *qualidade*. Se essa profunda insatisfação de seu ser radicasse no insuficiente *quantum* dos prazeres, necessariamente devia ela decrescer na razão direta do crescimento do acervo dos gozos. Mas não era o que acontecia. Acontecia precisamente o contrário. Aumentavam os tormentos do espírito e as angústias de sua alma na razão direta das ruidosas alegrias e das festas dos sentidos. E, quando os gozos mundanos pareciam atingir o máximo da sua intensidade, baixava ao mínimo a felicidade do seu verdadeiro Eu, e tornava-se insuportável a agonia do seu coração.

Águas salobras eram os prazeres profanos. Quanto mais o sedento viajor procurava com elas matar a sede de sua alma, mais se lhe acendia essa sede.

É raríssimo o homem que tenha a coragem de ser integralmente sincero consigo mesmo. Nessa sinceridade está a conversão — e está a felicidade.

Agostinho chegara à definitiva e nítida compreensão de que não estava na maior ou menor quantidade dos bens terrenos a beatitude do homem, mas, sim, na qualidade dos bens. Era necessário adquirir bens de outra natureza para estabelecer na alma um ambiente de paz e sossego.

Que bens seriam esses?

Deviam ser bens da mesma natureza da alma. Bens espirituais, imperecíveis, eternos. Desses valores eternos falavam as Sagradas Escrituras. Deles falavam muito Jesus Cristo e seus discípulos.

Autoconhecimento e autorrealização. Mística divina revelada em ética humana...

Mais tarde resumiu Agostinho a sua filosofia cristã nesta frase eternamente verdadeira e bela: "Fizeste-nos para ti, Senhor, e inquieto está o nosso coração até que descanse em ti".

* * *

No verão de 387 pôs-se a pequena caravana em marcha e cruzou os Apeninos, em demanda do Mediterrâneo, em busca do porto de Óstia, à foz do Tibre. Longa, exaustiva foi a viagem, sobretudo para Mônica. Mas no século IV vivia-se ainda no tempo em que vive até hoje parte dos nossos sertanejos, e vivem os homens naturais de todos os países, para os quais tempo não é ouro, mas apenas um punhado de areia vã, que se joga gostosamente aos quatro ventos. Gastar tempo não é gastar coisa alguma. "Amanhã é outro dia"... "Não tenha pressa"... "Paciência"... "Volte daqui a uma semana"... Com esta filosofia conserva o homem simples a sanidade dos seus nervos e a tranquilidade do seu espírito.

E assim procederam também os nossos viajores africanos.

Chegaram, finalmente, a Óstia, onde tinham de esperar um navio com destino a Cartago. Esses navios não partiam todos os dias, nem todas as semanas. E, quando algum veleiro levantava ferro, nem sempre ousavam os passageiros expor-se ao desconforto e às incertezas da travessia.

Hoje não passa Óstia dum lugarejo sem importância. Naquele tempo, porém, tinha ainda caráter de notável empório fluvial e marítimo, o maior porto de Roma, onde se enfileiravam vastos armazéns repletos de cereais e óleos da África. Era um dos grandes pontos de intersecção da navegação do Mediterrâneo. Arqueólogos escavaram recentemente os alicerces duma antiga cidade soterrada, estátuas e mausoléus, restos dum templo, dum fórum e duma caserna militar.

* * *

Sobre a sua permanência em Óstia escreveu Agostinho uma das páginas mais líricas e místicas das *Confessiones*. O que aconteceu a ele e a Mônica não cabe em palavras humanas. Percebe-se nas entrelinhas que o autor luta por encontrar expressões que deem uma ideia aproximada do mistério que, por momentos, envolveu as almas dos dois africanos, fazendo lembrar a visão que o apóstolo Paulo tenta descrever no capítulo 12 da Segunda Epístola aos Coríntios.

Estavam Agostinho e Mônica sentados, uma noite, no terraço da casa que habitavam em Óstia, contemplando o céu, falando de Deus e abismando o espírito faminto na meditação da vida eterna.

"Fazíamos desfilar em nossa conversa", escreve Agostinho, "uma após outra, todas as coisas essenciais, sem excetuar o próprio céu. Admirávamos, ó Deus, a beleza das tuas obras".

A alma de Agostinho, sensível e vibrátil, enamorava-se tão facilmente dos fulgores da natureza como o seu espírito suspirava pelas pulcritudes do mundo invisível. Era noite. Quase nada enxergavam os olhos dos dois africanos. Tanto mais, porém, adivinhavam as suas almas. Para um lado estendia-se a monotonia do Agro Romano. Do outro lado, o Mediterrâneo, quietude imensa, símbolo da Divindade.

Prossegue Agostinho: "Então remontaram as nossas almas mais além, em demanda de Deus. Perguntaram, uma a uma, todas as creaturas: 'Onde está o vosso Deus?' E todas elas respondiam: 'Não somos nós! Não somos nós! Procura acima de nós'"...

"Atingimos então as nossas próprias almas. Ultrapassamo-las a fim de alcançar as regiões da plenitude inesgotável, onde tu, meu Senhor e meu Deus, alimentas Israel eternamente com o pão da verdade. E, enquanto falávamos e, esfaimados, voávamos em demanda das regiões da Divindade, aconteceu que, num ímpeto, das profundezas do coração, por um momento, ao de leve as atingimos... Suspiramos... Voltamos à terra... Tornaram os nossos lábios a balbuciar palavras mortais, que nascem e morrem"...

"Ao de leve atingimos, por um momento, as regiões da Divindade... Lá deixamos, encadeadas, as primícias do espírito" — palavras destas só as compreende quem viveu experiência igual...

Impossível dizer o indizível. Em face desse mundo ignoto, todo homem é analfabeto e mudo. Quando Jesus falava desse mundo da Divindade, só se servia de parábolas e alegorias, soletrando diante dos homens o que dizer-lhes não podia. "O reino de Deus é semelhante a uma festa nupcial... a uma sementeira... a uma rede... a um fermento... a um grão de mostarda"... Com esses recursos ingênuos e infantis procurava o Nazareno dar aos seus ouvintes uma ideia da mais estupenda realidade.

Naquele momento eterno pareciam as almas de Agostinho e Mônica desprendidas dos seus corpos e a remontar ao infinito, assim como um par de andorinhas, soltas de longa prisão, desferem o voo às luminosas excelsitudes do espaço, até perderem de vista todos os horizontes terrestres... E depois, deslumbradas pelo insólito esplendor desses mundos divinos, e como que tomadas de vertigem em face do Infinito, essas almas ditosas encolhem subitamente as asas, e, exaustas, tornam a descer para as cinzentas baixadas da vida terrestre, onde o homem profano não adivinha sequer uma sombra de tão inefáveis maravilhas...

Terminado o inefável êxtase, fez-se em torno de Mônica e de Agostinho um grande silêncio — a quietude das coisas terrestres, a grande bonança da própria alma...

"Se fosse perene este silêncio", prossegue Agostinho, "se se apagasse toda outra visão e só esta visão empolgasse a alma, pela delícia da contemplação, fazendo calar tudo o mais, não se assemelharia à vida eterna este instante de conhecimento, pelo qual suspiramos cheios de amor? Não seria isto o cumprimento das palavras: 'Entra no gozo de teu Senhor'?... Mas quando entraremos?... Será só, meu Deus, quando ressuscitarmos dentre os mortos?..."

Voltaram à terra, Agostinho e Mônica, lentamente, tristemente, como um par de sonâmbulos que, dos encantados mundos do superconsciente, regressam à prosaica realidade do consciente.

Quando olharam em derredor, era noite — a pesada e pressaga noite de Óstia Tiberina...

Como que tomada de estranho pressentimento, inclinou-se Mônica para Agostinho e disse-lhe ao ouvido: "Meu filho, já não tem encantos para mim esta vida. Não sei o que ainda faço aqui, por que ainda vivo no mundo... Só uma coisa me retinha aqui na terra, por algum tempo: era o desejo de ver-te cristão. Prouve a Deus que eu atingisse, acima de toda a expectativa, o alvo dos meus anelos. Para que ainda estou no mundo?!..."

Mônica sabia que estava terminada a sua missão terrestre.

Daí a poucos dias adoeceu. Uma febre traiçoeira começou a minar-lhe o organismo, moléstia muito comum na zona quente e úmida da foz do Tibre. A afluência caótica de toda classe de adventícios asiáticos e africanos, estivadores, operários, embarcadiços, etc., fazia do porto de Óstia uma cidade malsã, foco de epidemias.

Debilitado pela longa jornada desde as plagas da Lombardia, não resistiu o corpo de Mônica à moléstia. Num dos acessos febris perdeu o acordo. Parecia entrar em agonia. Agostinho, Adeodato, Navígio, Evódio, Rústico, Lastidiano e outros amigos da família cercavam o leito da doente. De súbito, ergueu-se Mônica, olhou em derredor e disse:

"Onde estava eu?"...

E, quando leu nos semblantes de todos o terror de sua própria morte iminente, acrescentou, com calma:

"Sepultai aqui vossa mãe"...
Navígio, abalado com estas palavras, exclamou entre soluços: "Não, minha mãe! hás de convalescer... Tornarás a ver a pátria... Não morrerás em terra estranha"...

Mônica encarou o filho e, com tristeza na voz, disse a Agostinho:

"Ouviste o que ele disse?"

Depois de uma pausa, acrescentou com voz clara e firme, como que a ditar aos filhos a última vontade:

"Sepultai o meu corpo onde quiserdes. Não vos dê isto preocupações. Só uma coisa vos peço: lembrai-vos de mim em vossas orações, onde quer que estiverdes"...

Mônica viveu ainda alguns dias. Depois fechou para sempre os olhos para as coisas do mundo. Contava quase cinquenta e seis anos.

Agostinho conservou-se firme, de olhos enxutos, ao pé do corpo exânime, ao passo que Adeodato se debulhava em pranto. O sofrimento do filho foi para Agostinho uma das mais acerbas dores, como confessa.

Mesmo na igreja, aonde levaram o corpo da extinta, conservou Agostinho o seu estranho e quase forçado estoicismo. Assistiu às exéquias sem derramar uma lágrima. Não chorara à morte do pai, e não chorou à morte da mãe, dessa mãe que lhe era tudo na terra.

Só no dia seguinte, ao relembrar o que acontecera, deu livre curso aos sentimentos.

❖

O monge de Tagaste

Entre a morte de Mônica e a volta de Agostinho para a África medeia quase um ano.

Difícil explicar o porquê dessa demora. Possivelmente, o reteve na Itália a circunstância de ter a flotilha do usurpador Máximo derrotado a esquadra mediterrânea de Teodósio e ocupado o litoral da África setentrional, capturando todos os navios mercantes que demandavam essas plagas.

Passou Agostinho em Roma quase todo esse período de expectativa, abismando-se em estudos bíblicos e procurando argumentos para rebater as ideias dos maniqueus, seus antigos correligionários. Possivelmente, também estudou a organização de algumas ordens religiosas da época; pois tencionava fundar em sua terra natal um cenáculo de homens devotados à meditação da suprema sabedoria.

Agostinho, depois da sua conversão, nunca teve a menor intenção de aceitar dignidades eclesiásticas. Por demais tinha ele sofrido para não se emaranhar novamente no labirinto das coisas humanas. Nem pensava em ser sacerdote. Desejava, na qualidade de simples eremita leigo, retirar-se, em companhia de alguns amigos e irmãos de ideal, a um recanto solitário e consagrar o resto da sua vida ao estudo e à meditação dos magnos problemas relacionados com Deus e a alma humana. Sentia Agostinho na alma uma grande fome espiritual. E já nesse tempo se lhe cristalizara no espírito esta síntese de toda a filosofia: Deus e a alma.

Mas... o homem põe — e Deus dispõe.

* * *

No mês de agosto ou setembro de 388, com trinta e quatro anos, voltou Agostinho a Óstia, onde embarcou para Cartago.

Havia quatro anos que fizera essa mesma travessia, em sentido contrário. Naquela madrugada, depois de iludir sua mãe, embarcara para Roma a fim de conquistar posição brilhante e ajuntar dinheiro para levar vida regalada nos braços duma mulher, por entre o conforto dum lindo palacete e bafejado pela aura da celebridade. Agora voltava com um só desejo, de viver só para as humildes grandezas do mundo espiritual, longe do mundo, na paz duma choupana ou no silêncio duma caverna. E sentia-se mais feliz agora na sua humildade do que em 384, atormentado de ambições mundanas.

Em Cartago hospedou-se com seu velho amigo e colega Elógio, por uns poucos dias. Estava com saudades de Tagaste e duma querida solidão onde pudesse dar largas às suas ideias.

Possuía Agostinho em Tagaste "uns poucos lotes de herança paterna", como diz. Segundo os conselhos do divino Mestre, desfez-se dessa propriedade, distribuindo-a entre os pobres. Ficou morando num dos terrenos. E para logo iniciou a sua vida monástica. Moravam com ele na mesma casa seu filho Adeodato, seus amigos Alípio, Evódio, Severo, e outros convertidos para a verdade do Evangelho.

O programa desse *ashram* era dos mais simples. Nem clausura nem votos. Procurava cada um realizar espontaneamente e do melhor modo possível o preceito do divino Mestre: amar a Deus sobre todas as coisas e o próximo como a si mesmo. Nesse ponto do amor ao próximo era Agostinho de grande rigor. Não tolerava intrigas e maledicências, e por isso se tornou o seu pequeno mosteiro uma nesga do céu, que atraía os cristãos que tomavam a sério a alma do Evangelho. O regulamento externo limitava-se a certas horas de meditação em comum, e umas poucas normas indispensáveis à vida coletiva.

Uma das faces que nos tornam tão simpático o caráter de Agostinho é precisamente seu grande e sincero amor para com todos os homens.

* * *

Concretizou-se assim, às portas de Tagaste, uma das velhas

aspirações de Agostinho. E ele julgava ter chegado ao estado definitivo de sua vida.

Com sofreguidão atirou-se à elaboração de vários escritos, em que procurava fixar as suas ideias sobre assuntos de seu interesse. Gramática, dialética, retórica, geometria, aritmética, filosofia, música, etc. Alguns desses trabalhos já os iniciara em Milão. Tudo despertava o interesse do espírito enciclopédico de Agostinho. Uma dessas obras que chegou até nós é a que trata de música, arte de que Agostinho foi sempre apaixonado cultor. Tencionava completar esse trabalho num segundo volume, como diz; mas os subsequentes labores espirituais lhe "fizeram cair das mãos essas coisas delicadas".

O caráter de Agostinho, de encontro ao de muitos outros apologistas da verdade cristã, nada tem de fanático e intolerante. Era vivo desejo do "monge de Tagaste" converter as almas para Deus e convencer seus amigos das novas ideias que abraçara. Mas não os obrigava a dar de um salto este passo da matéria para o espírito. Sabia por dolorosa experiência quão difícil é esse passo, sabia ter pena e paciência com seus discípulos. Por isso, preferia conduzi-los suavemente pelas rampas floridas das ciências e das artes humanas para as alturas da verdade divina. Desculpa-se ele de usar esse processo indireto, que aos ascetas mais radicais podia parecer indecisão. "Só me anima", diz, "uma intenção: a de conduzir para Deus esses jovens e homens de outros tempos, a quem Deus concedeu inteligência lúcida; mas não os quisera arrancar repentinamente dos seus pensamentos e das suas paixões. Procuro, por meio de explicações, fazer que delas se desapeguem aos poucos; procuro por meio do amor imutável encaminhá-los para Deus, único mestre de todas as coisas. Quem lê meus livros não deixará de se convencer de que trato com poetas e filósofos tão somente obrigado pelas necessidades da jornada terrestre e não com o fito de me estabelecer no meio deles. Foi por isso que escolhi o caminho dos fracos — tanto mais que eu mesmo não me sentia forte e com asas bastante vigorosas para me lançar ao vácuo"...

Estas últimas frases são bem um retrato do espírito de Agostinho. Ele mesmo, embora mestre, não se dá por infalível; embora guia, não rejeita quem lhe estenda mão condutora. Já nesse tempo se guiava ele pelo lema clássico: "Odiar o erro — e amar os errantes".

Jamais teria Agostinho despertado no mundo inteiro e através dos séculos tamanho entusiasmo e amor, se homens de todos os tempos e condições não encontrassem no filho de Mônica o seu próprio Eu — homens cheios de boa vontade, mas quase sempre escravizados pelas potências da carne ou do orgulho e sem um amigo que os compreenda e que, em vez de os condenar peremptoriamente, procure ajudá-los a alcançar o que tanto desejam.

Agostinho, filósofo, teólogo, poeta, artista, esteta sabia fazer das obras da natureza e da cultura escada para subir a Deus. Pelas coisas creadas conduz ele a sua alma e as almas dos amigos às coisas increadas.

Já nesse tempo era frequente a objeção que os pagãos e os hereges faziam ao Cristianismo: de desprezar as ciências e artes por amor à fé — objeção essa que ia ser repisada infinitas vezes através dos séculos.

Agostinho insiste em provar aos dissidentes que a religião cristã não é obscurantista, não despreza por amor à fé o que há de verdadeiro, de belo e de bom nas creações do espírito humano.

"O que admirais nos filósofos", diz ele, "eu o fiz propriedade minha. Escutai e reconhecei nos meus lábios a cadência sonora dos vossos oradores. Entretanto, o que vós preconizais eu o desprezo. Nada valem as ciências do mundo sem a sabedoria do Cristo".

* * *

Não conseguiu Agostinho levar por muito tempo a vida retirada que desejava. Os grandes homens, precisamente por serem grandes, são de Deus, e, portanto, do mundo inteiro.

Ninguém pode ser *solitário* em Deus sem ser *solidário* com os homens.

Em Cartago, Hipona, Madaura, Tagaste; nos teatros, nas basílicas, nas praças públicas, por toda parte se travava intensa luta de ideias, pró e contra Cristo. Maniqueus e donatistas, filósofos de todos os matizes impugnavam ou ridicularizavam aquilo que Agostinho acabava de reconhecer como o único valor positivo da vida humana.

Não lhe sofria o amor à verdade permanecer calado. Lançou mão da sua arma predileta, a pena, para combater os semeadores do erro.

Nessas pelejas do espírito, que deviam abranger toda a sua vida futura, creou Agostinho uma nova modalidade de estilo. Abriu mão dos longos períodos clássicos, cuidadosamente burilados, porque lhe pareciam pesados e de difícil compreensão; lançou mão de pequenas frases incisivas, que, como afiados punhais, atingiam em cheio os pontos vulneráveis do adversário. Nessas apologias do Cristianismo chegou ao ponto de empregar certas locuções populares incorretas, ele, o fino esteta e hábil estilista latino, quando esses modos de dizer emprestavam maior clareza e plasticidade ao seu pensamento. Alguns escritos de Agostinho, exarados no solene e majestoso latim dos clássicos romanos, fatigam o leitor, porque diluem o colorido natural em complicados meandros de períodos artisticamente flexionados; ao passo que os seus sermões e tratados populares primam quase todos por uma clareza diáfana e uma esfuziante vibração de colorido e precisão. Inventa neologismos, recorre à gíria, para se fazer compreender. A prosa analítica de Agostinho tem um sabor mais moderno que antigo e forma como que uma ponte entre o latim clássico de Cícero e o latim popular, do qual nasceram as línguas neolatinas da atualidade: o português, o espanhol, o italiano, o francês e o romeno.

Agostinho escreveu cartas tão numerosas como poucos homens, cartas aos amigos da Ásia, da África e da Europa, cartas longas, algumas verdadeiros tratados sobre assuntos filosóficos e religiosos. Sofria quase sempre de penúria de papel ou outro material a que confiasse os seus pensamentos. Não se podia, naquele tempo, como hoje, ir à próxima papelaria da esquina comprar um caderno de papel, ou um volumoso livro em branco para enchê-lo de pensamentos. O papel era artigo caro, e, por conseguinte, bastante raro. Mesmo as delgadas lâminas de *papyrus*, fabricadas com o miolo da planta egípcia deste nome, não existiam em quantidade suficiente para que um homem rico em pensamentos as encontrasse na devida abundância. O pergaminho, feito de pele de cabra ou outro animal, era ainda mais caro. Das lâminas de marfim, então, nem falemos. Verdade é que Romaniano se servia desse material aristocrático para a sua correspondência; e também Agostinho empregou algumas vezes essas luxuosas lâminas ebúrneas, que recebia do mecenas; mas só em ocasiões excepcionais. Essa dificuldade em adquirir veículo idôneo para fixar o pensamento, se por um lado era um mal, por outro não deixava de reverter em benefício da literatura do tempo; porque assim o escritor condensava o mais possível os seus pensamentos, valorizando-os mais pela qualidade que pela quantidade. Quanto estudante dos nossos dias, dono de meia dúzia de ideias, não é preconizado pelo jornalismo venal como astro de primeira grandeza no firmamento da literatura nacional ou internacional, máxime quando dispõe de dinheiro ou prestígio político! Não poucos desses pretensos gênios acabam por cair vítimas da funesta epidemia mental de esparramarem litros de tinta em toneladas de papel para ventilar a sua sapiência, adquirir celebridade e desistir, daí por diante, de qualquer estudo sério, arvorando-se em críticos e desprezadores de tudo quanto brotou de outros cérebros. E, como esses literatos pensam pelas colunas dos jornais, parece-lhes que a quantidade representa o único valor positivo, enquanto a qualidade passa a ser fator imponderável.

Tão importunado se viu Agostinho em consequência da sua vasta correspondência epistolar, que a solidão se lhe converteu quase em praça pública. Pensou em retirar-se deserto adentro a fim de poder pensar mais a sós consigo. Graças às suas relações sociais e à amizade que o ligava a altos personagens da política do decadente império, era, não raro, solicitado para intervir em questões mundanas, que aborrecia e das quais quisera desvencilhar-se.

Outro "perigo" havia, bem mais grave que o de ordem política: o perigo de se ver, de um dia para outro, posto à testa duma das igrejas ou dioceses da África. Por que não lhe podia acontecer o que, tão de improviso, sucedera a Ambrósio?

Para nós, filhos do século XX, é dificilmente compreensível o que nos primeiros tempos do Cristianismo acontecia, não raro, a homens da têmpera de Agostinho: de um dia para outro, sobretudo quando inteligentes ou ricos, eram aclamados sacerdotes ou bispos e, à força, investidos do cargo de pastor duma porção maior ou menor do rebanho do Cristo. Quando inteligentes, eram idôneos para reger judiciosamente a sua grei; quando ricos, deixariam à paróquia ou diocese a sua fortuna, coisa muito ambicionada, sobretudo na África, onde quase só havia igrejas pobres.

Agostinho não era abastado, desfizera-se de quase tudo; mas sempre possuía em Tagaste alguma propriedade, e o que era de grande valor é que era amigo íntimo do argentário Romaniano e mantinha ótimas relações com os poderosos da corte imperial.

Essas ideias andavam na cabeça de muita gente enquanto Agostinho, desprevenido, continuava enamorado da esplêndida natureza da Numídia e abismado nas suas lucubrações filosófico-religiosas.

❖

Sacerdote de surpresa e bispo à força

No meio do silencioso triênio que Agostinho passou na solidão de Tagaste incidiu a morte de seu filho Adeodato.

As palavras com que ele refere esse fato, embora enlutadas de dor, revelam grande resignação e serenidade do espírito. Já nesse tempo habitava o espírito de Agostinho naquelas excelsas regiões que não são atingidas pelo clamor das emoções humanas, onde não há *nascer* nem *morrer*, mas somente o eterno *viver*.

Chorou, sim, mas agradeceu a Deus ter chamado para si aquele adolescente antes que o ardor das paixões lhe crestasse a candura da alma.

Adeodato era, como já dissemos, segundo as palavras do pai, um jovem de dotes espirituais tão grandes que Agostinho, por vezes, se sentia aterrado diante do fulgor das suas ideias, como se estivesse em presença de um ser de outros mundos. Filho daquele pagão sensual que fora Agostinho, era Adeodato duma inocência admirável, e nos perigosos tempos da incipiente puberdade, quando a maior parte dos jovens sucumbe à prepotência dos instintos, parecia esse jovem ignorar o que fossem paixões carnais.

"Senhor", escreve Agostinho, "bem cedo o chamaste deste mundo. E eu penso nele de espírito tranquilo. Nenhuma solicitude perturba a lembrança que tenho do menino, do adolescente que foi, e do homem maduro que poderia vir a ser".

Cada vez mais espiritualizado, continuava o filósofo cristão a viver na sua querida solidão em Tagaste, quando, certo dia, um funcionário imperial de Hipona solicitou a sua visita, porque necessitava resolver dúvidas que o impediam de abraçar o Cristianismo.

Agostinho via nesse homem um novo membro para o seu *ashram* e sócio da sua vida espiritual. Sem nada suspeitar, demandou à cidade de Hipona, no litoral norte da África.

Hipona tinha um velho bispo, por nome Valério. De origem grega, conhecia mal o latim e ignorava por completo o idioma púnico que se falava na terra, o que lhe dificultava grandemente o desempenho do seu múnus episcopal. Era uma voz *clamantis in deserto*, tanto mais que a diocese de Hipona não tinha clero. Os donatistas aproveitavam-se dessa precária situação e entraram na brecha, enviando os seus oradores e propagandistas a todos os centros culturais da diocese; em breve tornaram-se senhores da situação, enquanto os católicos iam perdendo terreno.

Além disso, não possuía a diocese patrimônio que tal nome merecesse; a maioria dos cristãos era pobre e esperava dos pastores não apenas "o reino de Deus", mas também o "pão nosso de cada dia". Pastor que não tivesse com que encher as bocas famintas perdia em breve as simpatias e a popularidade das suas ovelhas.

Agostinho, desprevenido, não sabia que lhe haviam armado um laço.

Enquanto Valério pregava na basílica, foi o monge-filósofo mesclar-se com o povo para ouvir o sermão.

Queixava-se o bispo amargamente da penúria de sacerdotes e frisava o avanço alarmante das heresias, que não encontravam quem lhes fizesse frente e defendesse a verdade do Evangelho.

Eis senão quando, do meio do auditório, soam vozes bradando: "Agostinho! Agostinho! Agostinho deve ser sacerdote!"

E, antes que este pudesse tomar providências, apoderaram-se da vítima inerme, arrastaram-na aos pés do altar e insistiram com o bispo que lhe conferisse a ordenação sacerdotal.

Esses costumes reinavam nesse tempo por toda parte, até na culta Itália, onde um governador gentio fora, da noite para o dia, batizado, ordenado sacerdote e sagrado bispo de Milão — Ambrósio.

Ai de quem resistisse a essa *vox populi vox Dei*! Não há paixões mais inexoráveis do que as paixões religiosas. E os cristãos africanos eram conhecidos pelo seu fanatismo...

Valério, sem soltar Agostinho da "prisão preventiva", convocou rapidamente um conselho de pessoas gradas e criteriosas, e, sem mais delongas, conferiu ao ermitão de Tagaste as ordens sagradas.

Agostinho, gemendo e chorando, sujeitou-se ao inevitável destino.

Alguns dos circunstantes, maus psicólogos e piores cristãos, interpretaram às avessas a relutância e as lágrimas de Agostinho e, a modo de consolo, lhe disse alguém: "Tens razão, o sacerdócio é minguada recompensa para teus méritos; mas consola-te, porque em breve serás nosso bispo".

Não tardaria a positivar-se essa quase ameaça do intempestivo consolador. Valério, pouco depois, convidou Agostinho para seu auxiliar. O neossacerdote relutou. Não se sentia habilitado para ombrear com tão elevado múnus. O bispo deu-lhe prazo até à próxima Páscoa, mas não permitiu que voltasse a residir em Tagaste, com medo, talvez, de que sumisse em algum ermo ignorado. Cedeu ao "coadjutor" um extenso pomar, em Hipona, para que aí fundasse novo mosteiro.

Mosteiro, ou melhor, seminário, porque essa Betânia veio a ser em breve a célula-máter e o fecundo viveiro de numerosos obreiros na vinha do Senhor.

Em seus escritos considera Agostinho a sua escolha para o sacerdócio como um "castigo de Deus"; pois, diz ele, na sua linguagem pitoresca e intuitiva, "como se me podia confiar o lugar de segundo-piloto, a mim, que nem sabia manejar o remo"...

* * *

No topo duma colina que se ergue perto de Hipona encontra o viajor do presente século uns restos de ruínas carcomidas, que são, possivelmente, as derradeiras relíquias do convento-seminário fundado por Agostinho. Atualmente se ergue ao pé desses escombros um asilo de velhos dirigido por Irmãs de Caridade — eloquente símbolo daquela alma que era bem a personificação da misericórdia e da caridade.

O panorama que do alto do outeiro se descortina é dos mais belos. À hora saudosa do ocaso, quando o sol derrama ondas de ouro e púrpura sobre o azul do Mediterrâneo, que soluça nas brancas areias da vetusta cidade fenício-romana; quando, para as bandas do sul, se recortam no horizonte incerto os rochedos abruptos das serranias de Edough a altear-se sobre o vale de Seybuse — então se apodera do solitário espectador, sentado nos seculares blocos de granito, um sentir de indefinível melancolia... E em cada sussurro das brisas vespertinas adivinha ele o espírito daquele homem tão profundamente humano e tão intensamente divino, homem que amou e sofreu como todos os homens humanos e iluminou com os fulgores do seu espírito todos os séculos do Cristianismo. Escuros abetos margeiam o caminho que conduz a Hipona, traduzindo em abafados gemidos a voz dos ventos que lhes agitam as negras agulhas... Ali, circundado dum bosque de oliveiras e limoeiros, alvejava, há quinze séculos, o silencioso reduto da maior espiritualidade da época.

* * *

O programa que Agostinho adotara para si e para os seus era duma simplicidade ditada pela experiência, revelando antes a serena espiritualidade do Nazareno do que o rigor ascético do Batista. O "justo meio", tão do espírito de Agostinho, era também o cunho característico desse retiro espiritual, no topo da colina de Hipona. Os que ali se refugiavam eram, por via de regra, homens cultos que, nauseados das grandiosas futilidades do mundo, ansiavam por encontrar na união com Deus a paz da alma, que o mundo lhes prometia, mas não lhes dava. Era o regulamento bastante severo para facultar uma completa e profunda concentração interior, e ao mesmo tempo bastante amplo para não fazer degenerar em escravidão a liberdade de espírito. Não eram os religiosos que serviam à ordem estabelecida, mas era esta que se lhes revelava amiga e servidora, escada para as alturas, mentora para as regiões da perfeita liberdade interior.

Livre não é aquele que faz o que quer, mas, sim, aquele que espontaneamente quer o que deve. Escravo não é o homem que se guia por uma norma preestabelecida, mas aquele que se emancipou da tirania do ego para servir à soberania de Deus. Mais deplorável é a sorte da videira que, infecunda, rasteja livremente pela imunda umidade do chão do que a da que vive presa ao parreiral e carregada de frutos.

Agostinho e seus colegas calçavam sapatos ou sandálias, vestiam singela túnica e usavam um *byrrhus* escuro com capuz, parecido com o bornós dos árabes do nosso tempo. Tornou-se proverbial a falta de asseio dos monges e cenobitas dos primeiros séculos. De alguns dos antigos penitentes sabemos que, pela maior glória de Deus e perfeição própria, não lavavam jamais o corpo nem cortavam o cabelo nem mudavam de roupa durante a vida toda. Alguns se julgavam tanto mais santos quanto mais imundos. Se eram grandes amigos de Deus, não o eram certamente por causa dessa falta de higiene, mas apesar dela e em atenção à sua boa vontade. Se esses santos podem invocar como patrono e modelo o Precursor, não podem apelar para o exemplo do Messias.

Agostinho, graças à sua cultura e ao apurado senso estético, não media o grau da pureza moral pela ausência de pureza física. O mosteiro no alto da colina de Hipona primava pelo asseio, e os seus inquilinos não envergonhariam os homens cultos da melhor sociedade hiponense.

Os manjares preferidos por essa novel comunidade religiosa eram vegetais e frutas. Só em casos especiais, máxime para doentes e hóspedes, aparecia na mesa um prato de carne e um copo de vinho. São Jerônimo, que considerava o vinho como "bebida diabólica", não teria perdoado a seu grande colega africano o uso do precioso licor.

Contrastavam com a simplicidade frugal da mesa os talheres de prata, que Agostinho trouxera de Tagaste. Preferiu usar estes, de meio-luxo, a comprar outros; pois, para ele e os seus, o espírito da pobreza residia na disposição da alma, e não nesta ou naquela qualidade de metal. Em compensação, eram de argila os pratos; alguns, de madeira ou alabastro comum.

O costume que hoje em dia reina em casas religiosas, de ouvirem leitura em voz alta durante as principais refeições do dia, remonta a esses tempos. No mosteiro-seminário de Hipona não se alimentava o corpo sem nutrir também o espírito.

Grande era o espírito de hospitalidade de Agostinho. Aquela modesta casa de colina era a hospedaria de todos os missionários em trânsito. Também os apóstolos leigos encontravam agasalho acolhedor entre esses muros benfazejos.

Há quem diga que reuniões do clero são ocasiões de maledicência. Se assim for, não cabe essa injúria à comunidade dos primeiros religiosos agostinianos. Era rigorosamente interdita, no mosteiro de Hipona, toda espécie de intriga e descaridade. Agostinho admitia antes censura a presentes do que a ausentes. Havia nesse tempo sacerdotes e bispos católicos que se digladiavam cruelmente, acusando-se uns aos outros de fanáticos ou de laxos em face do perene conflito com os maniqueus, os donatistas, os pelagianos e outros dissidentes. Por isso mandara Agostinho pintar na parede do refeitório, em caracteres bem visíveis, estas palavras:

"Saiba cada qual que quem errantes dilacera é indigno de sentar-se a esta mesa!"

Refere Possídio, colega e primeiro biógrafo de Agostinho, que, certo dia, dois prelados, hóspedes do convento, se esqueceram do grande preceito do divino Mestre. Levantou-se então Agostinho e, apontando para a legenda na parede, exclamou: ou eu me retiro desta sala — ou mandarei apagar estes dizeres!...

❖

Governador, juiz e bispo

De encontro aos costumes da época, permitiu Valério ao jovem ajudante que, em sua presença, pregasse o Evangelho, na basílica de Hipona. E fez bem. Pois, como podia um estrangeiro, desconhecedor das tradições e da língua do povo, falar à alma desse povo?

Maior espanto e desapontamento que essa inovação, causou entre os africanos a notícia de que o velho pastor de Hipona ia nomear seu novel sacerdote bispo coadjutor da diocese. Entretanto, Valério não desistiu da resolução ante a estranheza dos colegas. Depois de obter a aquiescência de Aurélio, primaz de Cartago, fez o velho antístite saber ao povo que Agostinho seria sagrado bispo.

Desencadeou-se tremenda tempestade. Megálio, prelado de Guelma e primaz da Numídia, foi o que mais tenazmente se opôs a essa ideia. Chegou ao ponto de endossar as calúnias que contra Agostinho se haviam espalhado. Dizia-se que o novel ministro da igreja dera a uma sua penitente um amavio, beberagem com ingredientes mágicos que, segundo a crendice popular, tinha a propriedade de despertar sentimentos amorosos.

De mais a mais, dizia Megálio, e diziam com ele muitos outros, Agostinho fora maniqueu, até chefe desses hereges; Cartago e Hipona bem lhe conheciam o fanatismo com que defendera os erros dessa seita, arrastando inúmeras almas ao mesmo abismo; e só Deus sabia o que ele fizera nos mistérios cultuais e nas secretas reuniões dos sequazes de Manes.

Se tivesse prevalecido essa campanha de intrigas, talvez tivesse o Cristianismo perdido um dos seus maiores luminares. Felizmente, não podem os pigmeus humanos ligar com as suas teias os gigantes da Divindade. Há uma lei eterna que se cumpre inexoravelmente, quer queiram quer não queiram os homens.

Megálio não conhecia Agostinho de trato pessoal. Quando, daí a pouco, visitou Hipona e chegou a conhecer de perto esse homem e ouviu da sinceridade da sua conversão e da pureza dos seus costumes, mudou de parecer e revogou publicamente as calúnias e juízos temerários que endossara a respeito dele.

Agostinho tomou sobre si o múnus episcopal como um ônus, pelos desvarios da sua mocidade, e também como preventivo contra possíveis quedas futuras. Se tivesse obedecido ao seu pendor natural, ter-se-ia retirado à solidão do ermo ou ao silêncio duma cela onde pudesse mais à vontade investigar as belezas da ciência e da sabedoria, porque era, antes de tudo, um pensador, no universo das ideias encontrava as maiores delícias da sua vida.

Mas... Agostinho conhecia muito bem a fragilidade do próprio ego... Esse completo abandono à ciência e à arte, à filosofia e à poesia — não viria esta vida introspectiva a ser para ele um perigo? Não corria a sua personalidade risco de se hipertrofiar e recair ao antigo subjetivismo egocêntrico?

Por outro lado, nada haveria de melhor para manter em seguro equilíbrio as potências do seu espírito, e para garantir a sujeição da carne, do que o fardo cotidiano do pastoreio e as fadigas de um apostolado dinâmico espiritualizado pela oração e pela meditação.

O múnus episcopal seria para Agostinho um fogo purificador e uma escola de aperfeiçoamento moral.

* * *

Valério faleceu, não muito depois. E pela primeira vez sentiu Agostinho todo o peso do seu cargo.

Desde os tempos de Constantino Magno, princípios do século IV, era o catolicismo religião oficial do Império Romano. Praticamente, porém, alastravam por todas as províncias, impunemente, dezenas de religiões e seitas. O poder militar e a disciplina administrativa de Roma enfraqueciam, dia a dia. Teodósio via-se empenhado numa luta desesperada com o usurpador Eugênio. Os bárbaros, que compunham a maior parte do exército romano, assumiam atitudes cada vez mais hostis, promovendo revoluções para conseguir maior soldo e constituindo um perigo permanente dentro do organismo estatal. Alarico, o poderoso caudilho dos visigodos, acampava no Peloponeso e se dispunha a invadir a Península Itálica.

Morreu Teodósio durante a guerra contra Eugênio. Sucedeu-lhe, ainda menor, Honório, cujo ministro poderoso, Estilicão, semibárbaro, prometeu proteção mais eficaz aos católicos, porém nada fez.

Tal era o ambiente religioso e político do Império quando Agostinho ascendeu à cátedra episcopal de Hipona, que havia de ocupar durante trinta e quatro longos anos.

* * *

Quem resolvesse traçar um paralelo entre o cargo pastoral dum bispo dos nossos dias e a tarefa de Agostinho não formaria ideia dos trabalhos heterogêneos que pesavam sobre os ombros desse homem.

Nesses tempos e lugares, ser bispo era também ser governador, administrador e juiz em toda a circunscrição da diocese. Inúmeras alusões nos escritos de Agostinho provam o quanto ele estava familiarizado com todos os problemas de caráter administrativo, agrícola, comercial, industrial, etc. Conhecia a fundo a legislação civil e criminal do Império, e estava a par de todo o complicado labirinto dos processos, da jurisprudência e das questões forenses.

Ele, que, por motivo de idealismo religioso, fizera voto de pobreza e distribuíra entre os pobres a herança paterna, vê-se agora feito repentinamente latifundiário, capitalista, proprietário de vastos domínios.

Montado no lombo dum cavalo, jumento ou camelo, perlustra Agostinho, semanas e semanas a fio, todas as latitudes e longitudes da extensa zona confiada a seus cuidados administrativos. Inspeciona campos, vinhedos, olivais, herdades, moinhos, lagares. Interessa-se por animais de raça, qualidade de cereais, frutas de mesa, uvas para vinho de mesa e de exportação. Estuda os preços das diversas mercadorias — a África era, nesse tempo, o celeiro da Europa —, fiscaliza o movimento dos centros industriais e dos postos aduaneiros, estuda e aprova plantas de edifícios públicos, dá parecer sobre remodelação de cidades, traçado de estradas de rodagem. Familiariza-se com as diversas formas legais de contratos, compras, vendas, doações. Dispõe sobre o arrendamento de terras de lavoura. Entra em contato com o homem do povo, com o mundo operário, com o pequeno produtor, com as famílias, com todas as classes sociais. Procura levantar o nível cultural, fazendo abrir estabelecimentos de ensino, nomeia professores, designa matérias de ensino, preside a exames finais.

Poeta nato, apreende de relance, à beira das poeirentas estradas da Numídia, na arenosa praia do Mediterrâneo, à sombra das florestas africanas, apreende mil e mil imagens pitorescas, que ao depois reaparecem, com espontânea naturalidade, nas suas produções filosóficas e teológicas. Não desdenha tomar sugestivas alegorias, comparações das coisas mais ordinárias da vida cotidiana; fala do "limoeiro que frutifica o ano todo"; menciona até as "cabras que se firmam nas patas traseiras para atingir as folhas das árvores", etc.

* * *

Pior que o cargo de administrador era o de juiz. Em determinados dias sentava-se Agostinho no *secretarium* da Basílica da Paz, ou no pórtico adjacente, e ouvia as queixas e os agravos dos litigantes que se julgavam defraudados ou lesados nos seus legítimos direitos. Eram proverbiais as paixões, a perfídia e a teimosia dos africanos. E, no entanto, para extorquir sentença ao juiz chegavam eles ao extremo da bajulação, procurando conseguir com suavidade felina o que não valiam alcançar à força de gritos e ameaças brutais. Ouvir, por espaço de horas, todas as misérias e perfídias humanas; ouvir, sobretudo, a vozeria infernal desses rudes africanos, primitivos e violentos, devia ser um tormento exaustivo para a apurada sensibilidade de um intelectual e esteta como Agostinho. Quem visse assim o grande luminar do Cristianismo, sentado à guisa dum *kadi* muçulmano dos nossos dias, tomá-lo-ia por um homem vulgar consubstanciado com esse meio medíocre e profano, com esse estrépito dos negócios forenses.

Aludindo a essas odiosas ocupações, escreve ele: "Posso asseverar, pela salvação de minh'alma, que, para mim, seria bem mais agradável entregar-me a quaisquer trabalhos físicos bem ordenados, como os há nos conventos, e dedicar o resto do tempo à oração, à leitura e ao estudo da Escritura Sagrada — do que ocupar-me com esses complicados e importunos processos".

Agostinho, administrador e juiz, era, antes de tudo, pastor do seu rebanho. Vivia com ele e por ele. Incansável pregador do Evangelho, conseguiu dar àquele povo semisselvagem um profundo conhecimento da revelação cristã e moldar-lhe a natural rudeza de caráter pela suavidade daquele que disse: "Aprendei de mim, que sou manso e humilde de coração".

Os 497 sermões de Agostinho — e sabe Deus quantos se perderam! — são quase todos sugestivas palestras espirituais com o seu povo. Por vezes, chega o orador a instituir verdadeiros diálogos com os ouvintes. Embora tivesse escrito sobre matemática e geometria, Agostinho não é amigo de divisões metódicas do assunto a tratar. Nunca aparece, nas suas práticas, o primeiro, o segundo, o terceiro ponto de modernos doutrinadores, que, por vezes, se esquecem de que a língua não é uma figura geométrica, mas, sim, um ser orgânico, e, como tal, de formas mutáveis e dificilmente cabíveis em moldes preestabelecidos. O orador, senhor do assunto e compenetrado do que vai dizer, não corre perigo de aborrecer o auditório. Não se conhecia nesse tempo, parece, essa invenção do século da eletricidade que são os "sermões de dez minutos", práticas de cinco minutos... Quando chegaremos à extrema condescendência de deliciar os nossos ouvintes com "sermões de um minuto"? Muitos sermões de Agostinho devem ter levado horas. O homem do quarto e quinto séculos ainda não aprendera a arte desumana de levantar o programa da sua vida sobre o ponteiro dum cronômetro, nem tinha de tomar, na próxima esquina, o bonde ou ônibus a tal hora, tantos minutos e tantos segundos.

Graças à solicitude dos estenógrafos, que nunca faltavam entre os ouvintes, foram-nos conservadas algumas centenas dessas palestras tão profundas quão espirituosas.

❖

Agostinho *versus* Pelágio

Quase toda a vida cristã de Agostinho, cerca de meio século, é uma luta, oculta ou manifesta, contra outro cristão, um monge britânico que vivia em Roma e que, por ter vindo dos pélagos do norte, passou a ser apelidado simplesmente Pelágio.

A controvérsia girava em torno da redenção do homem: *autorredenção* ou *alorredenção*, como diríamos hoje em dia.

Sendo que Agostinho, depois dos trinta anos, se sentiu redimido por um poder que não era do seu ego humano consciente, atribuiu a sua conversão a uma intervenção da graça divina. Nesse tempo, a teologia não estava em condições de distinguir entre o ego *pecador* e o Eu *redentor* do homem. Prevalecia a doutrina de ser o homem integralmente o seu ego pecador, que, evidentemente, não o podia redimir. Ego não redime ego, pecador não salva pecador, réu não absolve réu. Logicamente, Agostinho não podia atribuir a sua conversão a um fator humano.

Pelágio, porém, adivinhava no homem algum fator que não era o seu ego humano, embora não tivesse ideia nítida desse fator misterioso, ao qual o monge britânico atribuía a redenção.

Se Agostinho e Pelágio tivessem tido ideia exata sobre a bipolaridade da natureza humana, que sempre foi aceita pela filosofia oriental, e, desde o início do século XX, é professada também pela psicologia ocidental, os dois exímios pensadores do século V, possivelmente, teriam feito as pazes. No fundo, ambos defendiam a mesma verdade, mas cada um dos contendores encarava a natureza humana unilateralmente; e por isso não encontraram denominador comum para sua filosofia e sua teologia.

Aliás, essa controvérsia de Agostinho e Pelágio sobre a graça e o livre-arbítrio reverteu em benefício para toda a posteridade. Cada um dos dois contendores elucidou quanto possível os argumentos da sua tese, fosse da alorredenção agostiniana, fosse da autorredenção pelagiana.

Em nossa Filosofia Univérsica, equidistante do pensamento agostiniano e pelagiano, mostramos nitidamente a bipolaridade da natureza humana integral. A graça de Deus, que Agostinho entende em sentido apenas *transcendente*, é também *imanente* no homem; o Deus de fora é também o Deus de dentro, consoante as palavras do Cristo: "Não sou eu (ego) que faço a obras; é o Pai em mim (Eu) que as faz; eu e o Pai somos um, o Pai está em mim e eu estou no Pai".

À luz do Evangelho, a autorredenção, que é Cristo-redenção, é Teo-redenção; não há ego-redenção, há somente ego-perdição. Pelo seu ego humano, todo homem é pecador, como diria Paulo de Tarso. Por seu Eu divino, todo homem pode ser seu redentor.

Acontece, porém, que no homem comum o ego está plenamente acordado, ao passo que o seu Eu divino está em total ou parcial dormência; é ainda uma "luz sob o velador", e ainda não uma "luz no candelabro".

Segundo o Evangelho do Cristo, o Eu divino do homem é um tesouro oculto, uma pérola no fundo do mar, e por isso o homem comum não se autorredimiu. O Eu divino, enquanto inconsciente, não redime o homem; somente quando plenamente consciente, redime o homem.

Hoje em dia, salvação ou redenção é chamada *autorrealização*. Mas a autorrealização não é possível sem o *autoconhecimento*.

Se Agostinho e Pelágio tivessem tido a noção nítida do autoconhecimento, que hoje assinala as mais avançadas filosofia e psicologia, não se teriam digladiado sobre alorredenção ou autorredenção, sem chegar a um acordo definitivo.

A ideia da redenção do homem pela graça levou Agostinho ao extremo da ideia da *predestinação*: Deus deixa de dar sua graça a alguns homens, e estes se perdem por culpa própria, uma vez que a perdição é unicamente do homem e não de Deus. Mas Deus dá sua graça a alguns e os salva, porque assim quer. Agostinho justifica esse procedimento de Deus com o apelo para uma espécie de *mosaico cósmico* do Universo: se houvesse apenas pedras brancas, não haveria mosaico; as pedras pretas são necessárias para a grandiosidade cósmica da majestade divina — mas Deus não é responsável pela existência dessas pedrinhas pretas; o homem tem o poder de se fazer preto (mau) por si mesmo; mas só Deus o pode fazer branco (bom).

❖

De civitate Dei

A maior obra que Agostinho escreveu e na qual trabalhou treze anos são os dois volumes do *De civitate Dei*, sobre o Estado de Deus.

Desde tempos remotos, tentam os pensadores traçar as normas para uma humanidade ideal.

Platão o tentou na sua *Politeia* (falsamente traduzida por *República*).

Pitágoras fundou em Crotona, no litoral do Mar Adriático, o seu Templo de Iniciação.

Na Idade Média, o chanceler da Inglaterra Thomas Morus escreveu a sua *Utopia*, palavra grega para "nenhures", em que ele idealiza uma humanidade que vive nenhures.

Em nossos dias, Aldous Huxley publicou a sua *Ilha*.

Eu mesmo escrevi o meu *Cosmorama*, e meu livro *Educação do homem integral*, que culmina em "Cosmocracia".

Agostinho, no *De civitate Dei*, em vez do filósofo-rei de Platão, idealizou um Cristo-rei como soberano do Estado de Deus. Mas, como o Cristo invisível necessita de um lugar-tenente visível, imaginou o autor um sumo sacerdote humano como governador desse Estado teocrático.

E foi assim que tudo naufragou.

Como poderia uma clerocracia representar a Cristocracia? Esse Estado teocrático ou cristocrático não pode nascer duma especulação teológica nem duma organização social, mas só da evolução individual de muitos homens profundamente cristificados, cuja atuação se reflita sobre a sociedade.

Mas onde estão esses muitos homens cristificados? Existem, sim, e sempre existiram homens individuais crísticos, mas não em número suficiente para garantir uma cosmocracia crística.

"O meu Reino não é deste mundo", disse o Cristo; não é do caráter deste mundo, embora esteja neste mundo. "Eu vim ao mundo e nasci para isto, para dar testemunho à Verdade, e todo homem que é filho da Verdade ouve a minha voz." Essas palavras que o carpinteiro de Nazaré disse ao representante do Império Romano, na sexta-feira de manhã, em Jerusalém, seriam o segredo para realizar um Estado Cristocrático na terra, se houvesse muitos amigos da Verdade, muitos que conscientizassem e vivenciassem a Verdade libertadora.

Enquanto a grande vertical da consciência mística do "primeiro e maior de todos os mandamentos" não transbordar no "segundo mandamento" de vivência ética, não será proclamado o Reino de Deus sobre a face da terra, como profetizaram os livros sacros.

Cada um de nós é solidariamente responsável por esse advento do Reino de Deus entre os homens.

Todas as obras literárias acima citadas, desde Platão até nossos dias, são visões de uma potencialidade longínqua, que ainda não se concretizou em atualidade.

Hoje em dia, em plena Era do Aquário, mais do que nunca uma elite da humanidade se convence de que a "única coisa necessária" é aquilo que Maria de Betânia estava fazendo quando ouviu essas palavras dos lábios do grande Mestre.

E até em nossos dias continua ser esta a "única coisa necessária", a "parte boa" que nunca nos será tirada: *autorrealização baseada em autoconhecimento*.

A cada um de nós só nos compete *semear* a Verdade, sem esperar festa de *colheita*. A semeadura é nossa — a colheita é de Deus...

Se houver bastante semeadores dessa semente, será o Reino de Deus proclamado sobre a face da terra.

E o Estado de Deus entre os homens será uma realidade.

❖

Agostinho como pensador autônomo

No tempo de Agostinho não havia ainda uma teologia eclesiástica com dogmas nitidamente definidos. A organização da hierarquia começara somente em princípios do quarto século, com a libertação do Cristianismo, pelo Edito de Milão, de 313. A teologia achava-se ainda em estado de elasticidade plasmável, sem uma rigorosa cristalização oficial. A suprema autoridade eclesiástica residia nos Concílios, e não num pontífice pessoal infalível.

Por isto, havia vasto campo para divergência de opiniões.

Assim sendo, não admira que Agostinho tenha defendido doutrinas que, hoje em dia, talvez lhe merecessem a pecha de herege.

As conhecidas palavras de Jesus, no Evangelho de Mateus, "tu és Pedro, e sobre esta pedra edificarei a minha igreja", não se referiam, segundo Agostinho, à pessoa do pescador galileu; a pedra da igreja não era ele; era o próprio Cristo, proclamado por Pedro como sendo o Filho de Deus. A pedra, diz Agostinho, era a confissão de Pedro, mas não o Pedro da confissão.

Agostinho, em sua lógica retilínea, não admite que um homem chamado "carne e sangue" fosse proclamado como fundamento da igreja do Cristo, tanto mais que esse mesmo Pedro, carne e sangue, é, pouco depois, chamado "satanás" pelo próprio Cristo: "Vai no meu encalço, satanás (adversário), porque o teu modo de pensar não é de Deus, mas do homem".

Se, mais tarde, a pessoa de Pedro foi declarada como sendo a pedra da igreja, não obedeceu essa declaração à mentalidade de

Agostinho, mas a conveniências do crescente prestígio da hierarquia eclesiástica.

* * *

A outra dissidência da doutrina de Agostinho, como descrevemos em outro capítulo, se refere à evolução do mundo e do homem. No livro Eclesiastes, diz Salomão que "Deus creou tudo de uma só vez" (*omnia simul fecit*), ao passo que, no Gênesis, descreve Moisés a creação sucessiva em seis períodos (*yom*). Agostinho não acha contradição entre esses dois textos dos livros sacros, porque, diz ele com admirável perspicácia, todas as coisas, inclusive o homem, foram creadas *simultaneamente* na sua potencialidade, e evolveram *sucessivamente* na sua atualidade. E recorre à ilustração da semente e da árvore: a árvore existe potencialmente na semente, embora não atualmente. Assim, diz Agostinho, todas as coisas, inclusive o homem, existiam antes de existirem; existiam potencialmente em virtude da energia creadora que reside na palavra de Deus, mas se desenvolveram pouco a pouco através dos períodos cósmicos, assim como são hoje.

Agostinho insiste em que também o homem estava contido na infinita potência creadora da palavra de Deus, mas se desenvolveu paulatinamente até ficar como é hoje.

Para certos teólogos, Deus fez uma sessão especial para crear o homem, e o creou diretamente; mas, para Agostinho, a essência do homem veio do único ato creador de Deus, e sua existência se desenvolveu aos poucos através de substâncias inferiores.

Essa lógica de Agostinho é inatacável, embora não compreendida até hoje por muitos. Ele admite tanto a creação como a evolução. A creação é o início de tudo que existe, porque nenhum finito tem a sua origem no finito, mas no Infinito. Mas os finitos, uma vez emanados do Infinito (creação), fluem constantemente mediante outros finitos (evolução).

De maneira que seria ilógico admitir evolução sem creação, como ilógico seria admitir creação sem evolução.

Certos evolucionistas darwinistas de nossos dias não têm a retilínea logicidade de Agostinho; por isso, pretendem proclamar uma evolução independente da creação. À luz da mais rigorosa matemática, o início da evolução é a creação, e a continuação da creação é a evolução.

* * *

Entre as 103 obras de Agostinho que chegaram até nós não se encontra uma só que trate de assuntos tipicamente católicos no sentido de hoje; nenhuma obra sobre Maria mãe de Deus, rainha do céu, medianeira de todas as graças. Nenhuma obra sobre a veneração dos santos, sobre missa, confissão, eucaristia, indulgências, etc.

Agostinho está interessado em assuntos Teo-cêntricos e Cristo-cêntricos, como pecado e redenção, livre-arbítrio e graça, a natureza espiritual e material do homem, salvação e perdição. No fim da sua vida, o centro da espiritualidade de Agostinho é a experiência mística de Deus pela meditação e pela oração.

Em face desse Cristocentrismo se compreende por que os cristãos sinceros, tanto do campo católico como do evangélico, consideram Agostinho como um campeão de cristicidade, em face da qual pouco importam estas ou aquelas ideias particulares que o grande gênio africano tenha tido sobre assuntos periféricos da teologia contemporânea.

❖

Creação e evolução
segundo Agostinho

Agostinho viveu nos séculos IV e V da nossa cronologia. Foi o maior filósofo neoplatônico do seu tempo e um dos maiores pensadores filosófico-teológicos do cristianismo destes quase vinte séculos.

No presente livro descrevo a vida dramática desse genial africano e analiso algumas das suas 103 obras, que, felizmente, chegaram até os nossos dias.

Todas as obras de Agostinho foram escritas num maravilhoso latim de sabor clássico. E eu tive a oportunidade de as perlustrar todas na própria língua original do autor.

No livro *De Genesi ad litteram* discorre o grande pensador sobre o problema da criação e da evolução do mundo e do homem. Enfrenta a aparente contradição de dois textos: o do Gênesis, em que Moisés fala da criação dos mundos em seis dias, e o do livro Eclesiastes, em que Salomão afirma que "o Eterno creou tudo duma só vez".

Agostinho discorre com genial agudeza sobre esses textos, fazendo ver que não há contradição, porque Deus creou *simultaneamente* todo o mundo em estado *potencial*, mas, através dos períodos cósmicos, esse mundo potencial se desenvolveu *sucessivamente* rumo ao estado *atual*. E o filósofo joga com o paralelismo da semente e da planta, mostrando que a planta está contida *"causa liter et potentialiter"* na semente; que a semente é a própria planta em estado potencial, assim como a planta é a semente em estado atual.

Quem lê essas palavras tem a impressão de estar assistindo

à conferência de um cientista ou filósofo moderno, ou de estar lendo um tratado de lógica de Kant ou um livro de matemática de Einstein.

Agostinho sabe realizar essa acrobacia mental com inexcedível precisão e a acribia de uma irrefutável lógica e matematicidade.

Depois disso, passa o grande pensador à criação e evolução do homem, afirmando que também o homem foi criado pelo Eterno nesse único ato criador; o homem estava contido potencialmente na onipotência criadora desse ato divino, não no estado atual de hoje, mas assim como o cosmos estava no caos e como a planta está na semente.

Ora, conclui o filósofo, tanto o estado potencial como o atual é um estado *real*. O homem potencial era um homem real, embora ainda não atualmente realizado. Não era um animal, que não é um homem real, nem potencial nem atualmente.

É deveras estranho que certos evolucionistas de nosso tempo não tenham atingido o vigor e a clareza da lógica desse genial africano do século V, afirmando que o homem de hoje seja a transformação de um animal pré-histórico. Agostinho percebeu nitidamente que ninguém se torna o que não é, que ninguém pode vir a ser *explicitamente* o que hoje não é *implicitamente*. Um coco, por exemplo, nunca produzirá um carvalho, porque, no estado de coco, já é implicitamente o que o coqueiro será explicitamente.

Agostinho estabelece uma perfeita síntese entre *criação* e *evolução*, e não vê nenhuma incompatibilidade entre esses dois conceitos, como acontece com certos teólogos, filósofos e cientistas de nossos dias. Há quem diga "eu aceito a criação e rejeito a evolução"; ou, vice-versa, "eu aceito a evolução e rejeito a criação". Somente quem não sabe pensar logicamente descobre incompatibilidade entre criação e evolução, entre início e continuação.

Mas vamos transcrever uma página textual, em vernáculo, da lavra do próprio autor:

"O Eterno criou tudo de uma vez (Ecl 17,1). O Universo é comparável a uma grande árvore, cuja beleza jaz desdobrada aos nossos olhos, no tronco, nos ramos, nas folhas e nos frutos. Não foi num ápice que tal organismo nasceu. Bem lhe conhecemos a evolução: originou-se da raiz que o germe lançou terra a dentro, e dessa origem desenvolveram-se todas as formas. De modo análogo teremos de conceber o Universo: se está escrito que Deus criou tudo de uma vez, quer dizer que tudo quanto existe no Universo estava encerrado naquele único ato creador — não somente o céu com o sol, a lua e as estrelas, não somente a terra e os abismos da terra, mas tudo quanto se ocultava na força germinadora dos elementos, antes que, no decurso dos períodos cósmicos, se desenvolvesse, assim como está visível diante de nós nas obras que Deus crea até o presente dia. Por conseguinte, a 'obra dos seis dias' não significa uma sucessão *cronológica*, mas representa uma disposição *lógica*. Também o homem faz parte dessa creação em germe: Deus o creou, assim como creou a erva da terra antes que ele existisse. 'Creou-os como varão e mulher e abençoou-os' — creou-os segundo a força que a palavra de Deus, no único ato creador, depositou em germe no seio do mundo, força que, no decurso cronológico da evolução, leva tudo sucessivamente ao desdobramento, fazendo aparecer, a seu tempo, também Adão, 'do elemento da terra', e sua mulher 'do lado do varão'. Porque, do mesmo modo que a Escritura faz surgir o homem 'do elemento da terra', faz originar-se também da terra os animais do campo. Se, pois, Deus formou da terra tanto o homem como o animal, que vantagem tem então o homem sobre o animal? O que o distingue é somente isto: que o homem foi creado segundo a imagem de Deus; isto é, o homem não segundo o corpo, mas apenas segundo a alma".

Com essas palavras não nega Agostinho a alma espiritual do homem, que não veio do animal, mas do Eterno, embora os seus invólucros materiais tenham fluído através dos mesmos canais dos organismos vivos. A Potência do Eterno é a fonte e causa única de todas as potencialidades temporárias.

Agostinho faz jus à matemática, na qual, segundo Einstein, "reside o princípio creador" — e faz jus também à ciência, que afirma o processo evolutivo do mundo e do homem.

❖

Solilóquios com Deus
(Fala Agostinho)

"Deus e a alma — é o que desejo conhecer.
Nada mais?
Nada mais! Nada mais sei senão isto: que é desprezível o que morre e se desvanece, e desejável o que é permanente e eterno.
Fora com toda a sedução!
Fora com todas as carícias!
Derramemos as nossas almas e confessemos entre lágrimas, gemendo cheios de saudades e de misérias: não nos convém o que há fora de Deus.
Não queremos nada daquilo que ele deu, se ele, que tudo deu, não se der a si mesmo.
Calem-se as tempestades da carne! Calem-se todas as cintilantes miragens da terra, da água e do ar!
Calem-se os céus!
Cale-se a própria alma, e, esquecida de si mesma, ultrapasse o seu próprio ser!
Cale-se a língua e todo sinal e tudo quanto nasce e perece, cale-se em profundo silêncio para que fale só ele, não por meio de sinais, mas por si mesmo. Não por enigmas e parábolas, mas sem intermédio algum, de modo que percebamos a ele mesmo.
A ti, Senhor, hei de procurar. A ti hei de aderir.
Permite que eu fale da tua misericórdia, eu, pó e cinza, permite que eu fale. Pois é à tua misericórdia que me dirijo, e não a um homem que de mim escarneça.

Ou será que também tu escarneces de mim?... Oh! Converte-te a mim! Faze-me objeto da tua misericórdia!

Ai de mim, Senhor, tem piedade de mim!

Não oculto as minhas chagas. Tu és o médico — eu sou o enfermo. Tu és a misericórdia — eu sou a miséria.

Fala-me de modo perceptível. Abre os ouvidos do meu coração e dize à minh'alma: 'Eu sou tua salvação' (Sl 34,3). Hei de correr, no encalço dessa palavra, e assim te apreenderei. Não me ocultes a tua face. Quero morrer, a fim de não morrer, mas para contemplar-te.

Ó eterna Verdade! Ó Amor verdadeiro! Que tormentos sofria o meu coração nas dores de parto do conhecimento!... Deveras, não em buscar a verdade está a beatitude, mas em possuí-la.

Que gemidos lançava minh'alma a ti, ó Deus! Perceberam-nos os teus ouvidos sem que eu o soubesse. E, enquanto eu investigava e cismava na solidão, era a silenciosa luta do meu coração um brado ingente pela tua misericórdia.

Tu conhecias os meus sofrimentos — homem algum os conhecia... Deles, quão pouco transpirava dos meus lábios, aos ouvidos dos meus íntimos amigos!...

A ti suspirava eu, noite e dia, dizendo: pois não tem a verdade valor algum?...

Interroguei a terra, e ela respondeu: 'Não sou eu!' E tudo que nela existe confessava o mesmo.

Interroguei o mar, os abismos e as alimárias que neles rastejam, e eles responderam: 'Não somos nós teu Deus! Procura-o acima de nós'...

Interroguei o sussurro dos ventos e a atmosfera com todo o cortejo dos seus habitantes, eles bradaram: 'Não somos nós teu Deus!'

Interroguei os céus, o sol, a lua e as estrelas, e ecoou a resposta: 'Não somos nós o Deus que procuras!'

Destarte, interrogava eu todos os seres que a meus sentidos se ofereciam: 'Oh, por favor, falai-me de meu Deus. Já que vós não sois Deus, dai-me notícias dele'...

E foi então, meu Deus, que tu, de grande distância, clamaste: 'Em verdade, eu sou o que sou'.

Bem longínqua era essa voz, porém muito clara. E eu a ouvi, assim como se ouve com o coração.

Com aguilhões internos me compelias, para que eu não encontrasse sossego até que tivesse certeza de ti, pelo conhecimento íntimo.

Assim foi que, conduzido por ti, meu Deus, entrei no meu interior e abri os olhos de minh'alma — por mais turvos que eles fossem — e vi por cima de mim uma luz imutável, não uma luz comum, visível a todo ser carnal; não era dessa natureza a luz; era bem mais clara e sublime e tudo enchia com os seus fulgores — não, não era como as outras luzes. Era uma luz de natureza completamente diversa. Quem conhece a verdade conhece essa luz. E quem a conhece conhece a eternidade. Também o amor conhece essa luz.

Ó verdade, em ti está a eternidade!
Ó amor, em ti está a verdade!
Ó eternidade, em ti está o amor!
Tu és meu Deus!

E foi assim que, sem que eu o soubesse, me curaste a cabeça enferma... Fechaste-me os olhos para que não contemplassem vaidades...

Tive então um pouco de sossego diante de mim mesmo... Adormeceu a minha loucura...

Acordei em ti...

Vi-te em tua imensidade...

Reconheci que 'castigas o homem por causa do pecado' (Tb 13,5), que 'fazes definhar minh'alma qual teia de aranha' (Is 38,12).

* * *

E eu orava: 'Deus, que és o autor do universo, dá-me antes de tudo que eu saiba orar assim como convém'. E ainda: 'Faze que tais sejam os meus atos, que do teu atendimento me façam digno'. E finalmente: 'Faze que eu encontre a liberdade'.

Deus, por cuja virtude atinge o ser tudo quanto por si mesmo não teria o ser...

Deus, que não deixas perecer o que na luta da vida se aniquila reciprocamente...

Deus, que do nada creaste o mundo, objeto de grato prazer a teus olhos...

Deus, ante o qual não é desarmonia a dissonância do mais longínquo afastamento da divindade, quando o errado procura harmonizar com o certo...

Deus, que tudo ama o que de amor é suscetível, consciente ou inconscientemente...

Deus, que és a base de tudo, e por creatura alguma és contaminado, nem pela ignomínia, nem pelo erro, nem pela malícia...

Deus, pai da verdade, pai da sabedoria, pai do verdadeiro e santo amor, pai da felicidade, pai da bondade, pai do belo, pai da luz espiritual, pai da alvorada de nossa alma, pai da iluminação, pai da voz, testemunha tua que nos convidou para voltarmos a ti...

Eu te invoco, Deus-Verdade, no qual, do qual e pelo qual é verdadeiro tudo o que verdade é...

Deus-Sabedoria, no qual, do qual e pelo qual é sábio tudo o que tem sabedoria...

Deus-Vida, verdadeira e imensamente forte, qual, do qual e pelo qual vive tudo o que possui vida verdadeira e forte...

Deus-Felicidade, no qual, do qual e pelo qual é feliz tudo o que goza felicidade...

Deus, cuja perda é morte, cujo reencontro é renascimento, cuja posse perene é vida...

Deus, para o qual nos desperta a fé, ao qual nos ergue a esperança, com o qual nos une o amor...

Deus, ao qual devemos o fato de não nos perdermos por completo...

Deus, pelo qual a nossa parte melhor se afirma contra a parte inferior...

Deus, que em nós fala tudo e que é bom...

Deus, que nos dá o pão da vida...

Deus, pelo qual temos sede da bebida que, quando sorvida, no dá sede perene...

Deus, que nos purificas e nos tornas suscetível das coisas divinas....

Vem visitar-me com a tua graça!

Só a ti é que amo, só a ti é que sigo, só a ti procuro, só a ti quero servir, porque só tu tens sobre mim domínio legítimo — e não quero estar sujeito a outro domínio.

Dize-me para onde devo ir para te contemplar — e cobrarei esperanças para levar a termo tudo quanto me ordenaste.

Acolhe-me, eu te suplico, para que procure refúgio contigo, Senhor e Pai de bondade.

Olha, que bem pesado tem sido o castigo que sofri... Por demais tenho servido aos teus adversários, que manténs sob os teus pés... Por demais tenho sido alvo de escárnio deste mundo falaz...

Não me resta senão voltar — bem o sinto...

Aconselha-me... Mostra-me e dá-me o viático...
Se é à fé que teus braços reconduz os desviados, dá-me a fé.
Se é à virtude, dá-me virtude.
Se é ao saber, dá-me saber.

Aumenta-me a fé, aumenta-me a esperança, aumenta-me o amor...

Senhor, meu Deus, única esperança. Atende-me para que eu não desfaleça em procurar-te, para que sempre procure com ardor a tua face. Dá-me a força de procurar-te, tu, que te fazes encontrar e dás esperança cada vez maior de seres encontrado.

Ante os teus olhos está o meu vigor e o meu desvigor — cura este, conserva aquele.

Ante os teus olhos está o meu saber e o meu ignorar...

Onde quer que me abras uma porta, abençoa o meu ingresso.

Onde quer que me feches a porta, abre-a quando eu bater.

Quisera trazer-te sempre na lembrança, quisera entender-te, quisera amar-te.

Aumenta em mim esses dons, até que me transformes num homem perfeito.

Feliz de mim, quando te percebo — três vezes feliz, quando te saboreio intimamente. Pois é nisto que está a felicidade: em alegrar--se em ti, contigo e por ti. Os que pensam diversamente procuram felicidade, mas não a verdadeira. Oxalá se convertam! — e eis que tu já estás no coração deles, no coração dos que te confessam, que se lançam em teus braços e, após a triste odisseia dos seus erros, desafogam o seu pranto em teu peito. Sempre pronto estás para enxugar as lágrimas. Eles chorarão, e no pranto encontrarão alívio; porque tu, Senhor, que os creaste, os re-creas e consolas.

* * *

Ó luz do meu coração! eu me perdi a mim mesmo e em trevas me tornei. Mas foi precisamente ali, nas trevas, que me sobrevieram as saudades de ti.

Extraviei-me — e tornei a lembrar-me de ti. E por detrás de mim percebi a tua voz.

E assim, exausto de cansaço e de ardor, volto para a tua fonte. Ninguém mo embargará. Dela quero beber. Por ela ganhar minha vida. Não sou eu mesmo a minha vida — em maldades tenho vivido e tornei-me morte para mim mesmo. Agora, porém, revivo em ti.

Fala-me. Faze-me ouvir a tua palavra — eu creio em ti.

Sempre estavas perto de mim com a tua ira misericordiosa. Embebias em amargura todas as delícias dos meus pecados, para que eu aprendesse a procurar uma delícia sem dores, e não encontrasse senão a ti — a ti, Senhor, 'que em mestra converteste a dor' (Sl 93,20), a ti, que feres para curar, e matas para que vivamos.

Quão tarde te amei, ó antiga e sempre nova Formosura — quão tarde te amei!...

Eis que tu estavas dentro do meu coração — eu, porém, andava fora, e lá fora te buscava...

Tu estavas comigo — mas eu não estava contigo...

E então me chamaste em altas vozes e rompeste a minha surdez. Relampejaste e afugentaste a minha cegueira. Rescendeste suaves perfumes em torno de mim, e eu os sorvia — e agora vivo a suspirar por ti...

Saboreei-te e agora tenho fome e sede de ti...

Quem me dera descansar em ti! Quem me dera que entrasses em meu coração e o inebriasses com a tua presença, para que eu olvidasse toda a minha miséria e em íntimo amplexo te possuísse, meu único Bem!

Ó Deus, tu, que és o mais alto, o melhor, o mais poderoso, o mais benigno e justo, o mais oculto e onipresente, o mais belo e terrível; tu, que és o permanente, o incompreensível: tu, que és o imutável, e mudas todas as coisas; tu, que nunca és novo e nunca és velho, e sempre renovas tudo (enquanto 'os orgulhosos envelhecem sem o saber': Jó 9,5); tu, que sempre ages e sempre repousas; tu, que recolhes sem sofrer necessidades; que procuras sem que nada te falte; que amas sem te abrasares; que zelas sem te preocupares; que te arrependes sem dores; que te irritas, mas em toda a paz — tu mudas as tuas obras, mas nunca os teus desígnios; acolhes o que se lança aos teus braços, mas sem o teres perdido; tu, que não conheces indigências, te alegras com o lucro; tu, que ignoras o que seja avareza, reclamas os juros; pagam-te em excesso para te reduzirem a devedor — mas quem possuiria algo que não te pertencesse?

E agora, que disse eu com tudo quanto tenho dito?

Meu Deus! vida e doçura minha! Que outra coisa poderia alguém dizer de ti, se ousasse falar de ti? E, no entanto —, ai daqueles que de ti se calarem, embora sejam mudas as palavras mais eloquentes!

Restitui-me integralmente a ti, meu Deus.

* * *

Eis que eu amo — e, se não for bastante, mais ainda te amarei. Não estou em condições de medir o meu amor, se é suficiente, se nada lhe falta — nada! — para que a minha vida se identifique na união contigo e nunca mais de ti se afaste, até que eu esteja perfeitamente amparado, oculto no mistério da tua face.

A única coisa que sei é que sou infeliz quando não te possuo — infeliz, não só para fora, mas infeliz, infelicíssimo, dentro de mim mesmo. Sei que toda a riqueza que não vem de ti é pobreza para mim.

Deus, acima do qual nada há; além do qual nada há; sem o qual nada há — Deus, que me valerá tudo o que me dás, se não te deres a ti mesmo? Não, nada é doce a não ser que me conduza a ti, meu Deus. 'A mim me convém aderir a Deus' (Sl 72,28). Pois, se eu não ficar em ti, também não poderei ficar em mim.

Quisera antes perder tudo e encontrar-te do que ganhar tudo e não te encontrar. Tu nos fizeste para ti, Senhor — e inquieto está o nosso coração até que ache quietação em ti".

❖

A África em poder dos vândalos. Ocaso dum grande luzeiro

Havia quase dois decênios que os godos eram senhores de Roma e da Península Itálica.

Na África receava-se catástrofe igual.

E não tardaria o cataclismo.

Bonifácio, governador de Cartago, amigo dos novos senhores do império, preparou a invasão dos povos nórdicos, convidando-os para semear no meio duma cultura decadente e agonizante o espírito juvenil duma nova mentalidade, como ele entendia.

Na primavera de 429 deixou o chefe vândalo, Genserico, a Península Ibérica e transpôs com as suas hordas aguerridas o estreito de Gibraltar, invadindo, quase sem resistência, as províncias romanas do continente africano.

Pela última vez estremeceu o rijo travejamento do império dos Césares. Pela última vez tremeram os alicerces seculares da poderosa *res publica*. Pela última vez gemeram os lábios moribundos do maior titã da história.

Dos pináculos de Cartago, extrema baliza do poder imperial, tombaram as águias romanas, para nunca mais erguerem as asas quebradas...

Hipona, cidade episcopal de Agostinho, foi cercada pelos vândalos, pagãos ou arianos. Os donatistas, inimigos mortais de Agostinho e do catolicismo romano, exultaram de júbilo e aliaram-se aos invasores. Com horror previu Agostinho que arianos e donatistas destruiriam em breve o que ele edificara, em quase meio século de ingentes labores. Não assistiu ao desfecho final da tremenda catástrofe; mas à luz do que via adivinhou o futuro que não via...

"Quanto mais se sabe mais se sofre", dissera ele, e, porque muito sabia, muito sofria...

"Lágrimas eram o seu pão de dia e de noite", diz Possídio, seu primeiro biógrafo, que com ele vivia sob o mesmo teto.

Das províncias circunvizinhas chegavam consultas dos pastores espirituais, se convinha fugir para o interior. "O bom pastor dá a vida pelas suas ovelhas", respondeu Agostinho.

Na primavera de 430 começou o sítio de Hipona, que durou três meses. A guarnição da cidade, triste ruína dum exército de mercenários, não valeu resistir à prepotência dos invasores. De dia a dia, esperava-se a rendição da praça.

Agostinho, com o clero e os fiéis, não cessavam de orar na Basílica Pacis.

Acometido de febre, caiu de cama. Na parede negrejavam, em grandes caracteres, as palavras do Salmo: "*Miserere mei, Deo...* Tem piedade de mim, ó Deus!"...

No dia 28 de agosto de 430, enquanto lá fora, por entre o fragor das catapultas e dos aríetes e o vociferar da soldadesca vandálica, ruía por terra um mundo que parecia indestrutível, lá dentro, à penumbra duma cela paupérrima, se extinguia um dos maiores luzeiros do Cristianismo...

Contava Agostinho setenta e seis anos de idade.

❖

Cronologia

313 — Constantino promulga o Edito de Milão, tornando o cristianismo religião oficial do Império Romano Ocidental.

350 — Ulfila traduz a Bíblia para o gótico.

354 — *Agostinho nasce em Tagaste, Numídia, na África.*

355 — Invasão da Gália por francos, alamanos e saxões. Os hunos surgem na Rússia.

365 — *Agostinho estuda em Madaura.*

369 — *Vive em Tagaste.*

370 — *Estuda em Cartago.* Os hunos atingem o Don e vencem os ostrogodos.

372 — *Nasce o filho Adeodato. Agostinho descobre a filosofia por intermédio de Cícero e segue os maniqueístas.*

373 — *Leciona em Tagaste.* Santo Ambrósio torna-se bispo de Milão.

374 — *Leciona em Cartago.*

380 — Teodósio e Graciano contêm os godos no Épiro e na Dalmácia. O Edito de Teodósio torna o cristianismo religião oficial no Império Romano do Oriente.

383 — *Agostinho abandona o maniqueísmo e leciona em Roma.*

384 — *É professor em Milão.* São Jerônimo começa a tradução da Bíblia para o latim, tradicionalmente conhecida como *Vulgata*.

386 — *Agostinho descobre o neoplatonismo; lê as cartas de Paulo de Tarso; converte-se ao cristianismo; parte para Cassicíaco, demite-se do cargo de professor e redige* Contra academicos, De Beata Vita *e* De ordine. Teodósio repele os godos no Danúbio.

387 — *Agostinho é batizado juntamente com Alípio e Adeodato; passa algumas semanas em Roma, depois da morte de Mônica, sua mãe, e escreve* De imortalitate animae.

388 — *Parte para a África e começa a viver monasticamente em Tagaste. Redige* De vera religione.

389 — *Morte de Adeodato.*

390 — Conflito entre Santo Ambrósio e Teodósio.

391 — *Agostinho torna-se presbítero de Hipona.*

392 — *Polemiza com o maniqueu Fortunato.* O direito de asilo é reconhecido nas igrejas. São Jerônimo escreve *De viris illustribus.*

394 — Os Jogos Olímpicos são suprimidos.

395 — *Agostinho torna-se bispo de Hipona.* Sulpício Severo escreve *A vida de São Martinho.* Os hunos invadem a Ásia e chegam até Antioquia.

396 — Os godos invadem a Grécia. Fim dos Mistérios de Elêusis.

397-398 — *Agostinho redige* Confessiones.

399-422 — *Redige a obra* De Trinitate.

400 — Os hunos atingem o Elba.

407 — Invasão da Gália por vândalos e suevos.

408 — Os saxões entram na Bretanha.

409 — Pelágio em Cartago. Os vândalos e os suevos invadem a Espanha.

410 — Alarico conquista Roma.

413 — *Agostinho começa a redigir* De civitate Dei.

417 — Paulo Orósio, discípulo de Agostinho, publica a *Historia universalis.*

429 — Os vândalos penetram na África.

430 — *Agostinho falece em 28 de agosto.*

❖

Títulos das obras completas de Agostinho

1 — Retractationes
2 — Confessiones
3 — Soliloquia
4 — Contra academicos
5 — De beata vita
6 — De ordine
7 — De immortalitate animae
8 — De quantitate animae
9 — De musica
10 — De magistro
11 — De libero arbitrio
12 — De moribus Ecclesiae catholicae, et de moribus manichaeorum
13 — Regula ad servos Dei
14 — Epistolae
15 — De doctrina christiana
16 — De vera religione
17 — De Genesi contra manichaeos
18 — De Genesi ad litteram imperfectus
19 — De Genesi ad litteram
20 — Scripturae sacrae locutiones
21 — Quaestiones in Pentateuchum
22 — Annotationes in Job
23 — De Scriptura sacra speculum
24 — De consensu Evangelistarum

25 — De Sermone Domini in monte
26 — Quaestiones Evangeliorum
27 — Quaestiones septemdecim in Evangelium secundum Mathaeu
28 — In Joannis Evangelium
29 — Expositio quarundam propositionum ex Epistola ad Romanos
30 — Epistolae ad Romanos inchoata expositio
31 — Expositio Epistolae ad Galatas
32 — Enarrationes in Psalmos
33 — Sermones de Scripturis
34 — Sermones de tempore
35 — Sermones de sanctis
36 — De diversis quaestionibus
37 — De diversis quaestionibus ad Simplicianum
38 — De octo dulcitii quaestionibus
39 — De fide rerum quae non videntur
40 — De fide et Symbolo
41 — De fide et operibus
42 — Enchiridion de Fide, Spe et Caritate
43 — De agone christiano
44 — De catechisandis rudibus
45 — De continentia
46 — De bono conjugali
47 — De sancta virginitate
48 — De bono viduitatis
49 — De conjugiis adulterinis
50 — De mendacio
51 — Contra mendacium
52 — De opere monachorum
53 — De divinatione daemonum
54 — De cura pro mortuis gerenda
55 — De patientia
56 — De Symbolo ad catechumenos
57 — De disciplina christiana
58 — De cantico novo
59 — De quarta feria
60 — De cataclysmo
61 — De tempore barbarico
62 — De utilitate jejunii

63 — De Urbis excidio
64 — De civitate Dei
65 — De haeresibus ad Quodvultdeum
66 — Tractatus adversus Judaeos
67 — De utilitate credendi ad Honoratum
68 — De duabus animabus contra manichaeum
69 — Acta seu disputatio contra Fortunatum manichaeum
70 — Contra Adimantum manichaei discipulum
71 — Contra Epistolam Manichaei quam vocant fundamenti
72 — Contra Faustum manichaeum
73 — De actis cum Felice manichaeo
74 — De natura boni contra manichaeos
75 — Contra Secundinum manichaeum
76 — Contra adversarium legis et prophetarum
77 — Ad Orosium contra priscillianistas et origenistas
78 — Sermonem arianorum
79 — Collatio cum Maximinum arianum
80 — De Trinitate
81 — Psalmus contra partem Donati
82 — Contra Epistolam Parmeniani
83 — De baptismo contra donatistas
84 — Contra Litteras Petiliani
85 — Epistola ad catholicos contra donatistas, vulgo de unitate Ecclesiae
86 — Contra Cresconium Grammaticum donatistam
87 — De unico baptismo contra Petilianum
88 — Breviculus collationis eum donatistis
89 — Post collationem ad donatistas
90 — Sermo ad Caesareensis Ecclesiae plebem Emerito praesente habitus
91 — De peccatorum meritis et remissione
92 — De spiritu et littera
93 — De natura et gratia
94 — De Perfectione justitiae hominis
95 — De gestis Pelagii
96 — De gratia Christi et de peccato originali
97 — De nuptiis et concupiscentia
98 — De anima et ejus origine
99 — Contra duas Epistolas Pelagianorum, ad Bonifacium
100 — Contra Julianum

101 — De gratia et libero arbitrio
102 — De correptione et gratia
103 — De praedestinatione sanctorum

❖

DADOS BIOGRÁFICOS

Huberto Rohden

Nasceu na antiga região de Tubarão, hoje São Ludgero, Santa Catarina, Brasil, em 1893. Fez estudos no Rio Grande do Sul. Formou-se em Ciências, Filosofia e Teologia em universidades da Europa — Innsbruck (Áustria), Valkenburg (Holanda) e Nápoles (Itália).

De regresso ao Brasil, trabalhou como professor, conferencista e escritor. Publicou mais de 65 obras sobre ciência, filosofia e religião, entre as quais várias foram traduzidas para outras línguas, inclusive para o esperanto; algumas existem em braile, para institutos de cegos.

Rohden não era filiado a nenhuma igreja, seita ou partido político. Fundou e dirigiu o movimento filosófico e espiritual Alvorada.

De 1945 a 1946 teve uma bolsa de estudos para pesquisas científicas, na Universidade de Princeton, New Jersey (Estados Unidos), onde conviveu com Albert Einstein e lançou os alicerces para o movimento de âmbito mundial da Filosofia Univérsica, tomando por base do pensamento e da vida humana a constituição do próprio Universo, evidenciando a afinidade entre Matemática, Metafísica e Mística.

Em 1946, Huberto Rohden foi convidado pela American University, de Washington, D.C., para reger as cátedras de Filosofia Universal e de Religiões Comparadas, cargo este que exerceu durante cinco anos.

Durante a última Guerra Mundial foi convidado pelo Bureau of Inter-American Affairs, de Washington, para fazer parte do corpo de tradutores das notícias de guerra, do inglês para o português. Ainda na American University, de Washington, fundou o Brazilian Center, centro cultural brasileiro, com o fim de manter intercâmbio cultural entre o Brasil e os Estados Unidos.

Na capital dos Estados Unidos, frequentou, durante três anos, o Golden Lotus Temple, onde foi iniciado em *Kriya-yoga* por Swami Premananda, diretor hindu desse *ashram*.

Ao fim de sua permanência nos Estados Unidos, Huberto Rohden foi convidado para fazer parte do corpo docente da nova International Christian University (ICU) de Metaka, Japão, a fim de reger as cátedras de Filosofia Universal e Religiões Comparadas; mas, por causa da guerra na Coréia, a universidade japonesa não foi inaugurada, e regressou ao Brasil. Em São Paulo foi nomeado professor de Filosofia na Universidade Mackenzie, cargo do qual não tomou posse.

Em 1952, fundou em São Paulo a Instituição Cultural e Beneficente Alvorada, onde mantinha cursos permanentes em São Paulo, Rio de Janeiro e Goiânia, sobre Filosofia Univérsica e Filosofia do Evangelho, e dirigia Casas de Retiro Espiritual (*ashrams*) em diversos estados do Brasil.

Em 1969, empreendeu viagens de estudo e experiência espiritual pela Palestina, Egito, Índia e Nepal, realizando diversas conferências com grupos de iogues na Índia.

Em 1976, foi chamado a Portugal para fazer conferências sobre autoconhecimento e autorrealização. Em Lisboa fundou um setor do Centro de Autorrealização Alvorada.

Nos últimos anos, Rohden residia na capital de São Paulo, onde permanecia alguns dias da semana escrevendo e reescrevendo seus livros, nos textos definitivos. Costumava passar três dias da semana no *ashram*, em contato com a natureza, plantando árvores, flores ou trabalhando no seu apiário-modelo.

Quando estava na capital, frequentava periodicamente a editora responsável pela publicação de seus livros, dando-lhe orientação cultural e inspiração.

À zero hora do dia 8 de outubro de 1981, após longa internação em uma clínica naturista de São Paulo, aos 87 anos, o professor Huberto Rohden partiu deste mundo e do convívio de seus amigos e discípulos. Suas últimas palavras em estado consciente foram: "Eu vim para servir à Humanidade".

Ele deixa, para as gerações futuras, um legado cultural e um exemplo de fé e trabalho somente comparados aos dos grandes homens do século XX.

Huberto Rohden é o principal editando da Editora Martin Claret.

❖

Relação de obras do professor Huberto Rohden

Coleção Filosofia Universal

O pensamento filosófico da Antiguidade
A filosofia contemporânea
O espírito da filosofia oriental

Coleção Filosofia do Evangelho

Filosofia cósmica do Evangelho
O Sermão da Montanha
Assim dizia o Mestre
O triunfo da vida sobre a morte
O nosso Mestre

Coleção Filosofia da Vida

De alma para alma
Ídolos ou ideal?
Escalando o Himalaia
O caminho da felicidade
Deus
Em espírito e verdade
Em comunhão com Deus
Cosmorama

Por que sofremos
Lúcifer e Lógos
A grande libertação
Bhagavad Gita (tradução)
Setas para o infinito
Entre dois mundos
Minhas vivências na Palestina, Egito e Índia
Filosofia da arte
A arte de curar pelo espírito. Autor: Joel Goldsmith (tradução)
Orientando
"Que vos parece do Cristo?"
Educação do homem integral
Dias de grande paz (tradução)
O drama milenar do Cristo e do Anticristo
Luzes e sombras da alvorada
Roteiro cósmico
A metafísica do cristianismo
A voz do silêncio
Tao Te Ching de Lao-tse (tradução) — ilustrado
Sabedoria das parábolas
O 5º Evangelho segundo Tomé (tradução)
A nova humanidade
A mensagem viva do Cristo (Os quatro Evangelhos — tradução)
Rumo à consciência cósmica
O homem
Estratégias de Lúcifer
O homem e o Universo
Imperativos da vida
Profanos e iniciados
Novo Testamento
Lampejos evangélicos
O Cristo cósmico e os essênios
A experiência cósmica

Coleção Mistérios da Natureza

Maravilhas do Universo
Alegorias
Ísis
Por mundos ignotos

Coleção Biografias

Paulo de Tarso
Agostinho
Por um ideal — 2 vols. — autobiografia
Mahatma Gandhi — ilustrado
Jesus Nazareno — 2 vols.
Einstein — O enigma da Matemática — ilustrado
Pascal — ilustrado
Myriam

Coleção Opúsculos

Catecismo da filosofia
Saúde e felicidade pela cosmo-meditação
Assim dizia Mahatma Gandhi (100 pensamentos-tradução)
Aconteceu entre 2000 e 3000
Ciência, milagre e oração são compatíveis?
Autoiniciação e cosmo-meditação
Filosofia univérsica – sua origem, sua natureza e sua finalidade

❖

O objetivo, a filosofia e a missão da Editora Martin Claret

O principal objetivo da Martin Claret é contribuir para a difusão da educação e da cultura, por meio da democratização do livro, usando os canais de comercialização habituais, além de criar novos.

A filosofia de trabalho da Martin Claret consiste em produzir livros de qualidade a um preço acessível, para que possam ser apreciados pelo maior número possível de leitores.

A missão da Martin Claret é conscientizar e motivar as pessoas a desenvolver e utilizar o seu pleno potencial espiritual, mental, emocional e social.

O livro muda as pessoas. Revolucione-se: leia mais para ser mais!

MARTIN CLARET

Relação dos Volumes Publicados

1. **Dom Casmurro**
   Machado de Assis
2. **O Príncipe**
   Maquiavel
3. **Mensagem**
   Fernando Pessoa
4. **O Lobo do Mar**
   Jack London
5. **A Arte da Prudência**
   Baltasar Gracián
6. **Iracema / Cinco Minutos**
   José de Alencar
7. **Inocência**
   Visconde de Taunay
8. **A Mulher de 30 Anos**
   Honoré de Balzac
9. **A Moreninha**
   Joaquim Manuel de Macedo
10. **A Escrava Isaura**
    Bernardo Guimarães
11. **As Viagens - "Il Milione"**
    Marco Polo
12. **O Retrato de Dorian Gray**
    Oscar Wilde
13. **A Volta ao Mundo em 80 Dias**
    Júlio Verne
14. **A Carne**
    Júlio Ribeiro
15. **Amor de Perdição**
    Camilo Castelo Branco
16. **Sonetos**
    Luís de Camões
17. **O Guarani**
    José de Alencar
18. **Memórias Póstumas de Brás Cubas**
    Machado de Assis
19. **Lira dos Vinte Anos**
    Álvares de Azevedo
20. **Apologia de Sócrates / Banquete**
    Platão
21. **A Metamorfose / Um Artista da Fome / Carta a Meu Pai**
    Franz Kafka
22. **Assim Falou Zaratustra**
    Friedrich Nietzsche
23. **Triste Fim de Policarpo Quaresma**
    Lima Barreto
24. **A Ilustre Casa de Ramires**
    Eça de Queirós
25. **Memórias de um Sargento de Milícias**
    Manuel António de Almeida
26. **Robinson Crusoé**
    Daniel Defoe
27. **Espumas Flutuantes**
    Castro Alves
28. **O Ateneu**
    Raul Pompeia
29. **O Noviço / O Juiz de Paz da Roça / Quem Casa Quer Casa**
    Martins Pena
30. **A Relíquia**
    Eça de Queirós
31. **O Jogador**
    Dostoiévski
32. **Histórias Extraordinárias**
    Edgar Allan Poe
33. **Os Lusíadas**
    Luís de Camões
34. **As Aventuras de Tom Sawyer**
    Mark Twain
35. **Bola de Sebo e Outros Contos**
    Guy de Maupassant
36. **A República**
    Platão
37. **Elogio da Loucura**
    Erasmo de Rotterdam
38. **Caninos Brancos**
    Jack London
39. **Hamlet**
    William Shakespeare
40. **A Utopia**
    Thomas More
41. **O Processo**
    Franz Kafka
42. **O Médico e o Monstro**
    Robert Louis Stevenson
43. **Ecce Homo**
    Friedrich Nietzsche
44. **O Manifesto do Partido Comunista**
    Marx e Engels
45. **Discurso do Método / Regras para a Direção do Espírito**
    René Descartes
46. **Do Contrato Social**
    Jean-Jacques Rousseau
47. **A Luta pelo Direito**
    Rudolf von Ihering
48. **Dos Delitos e das Penas**
    Cesare Beccaria
49. **A Ética Protestante e o Espírito do Capitalismo**
    Max Weber
50. **O Anticristo**
    Friedrich Nietzsche
51. **Os Sofrimentos do Jovem Werther**
    Goethe
52. **As Flores do Mal**
    Charles Baudelaire
53. **Ética a Nicômaco**
    Aristóteles
54. **A Arte da Guerra**
    Sun Tzu
55. **Imitação de Cristo**
    Tomás de Kempis
56. **Cândido ou O Otimismo**
    Voltaire
57. **Rei Lear**
    William Shakespeare
58. **Frankenstein**
    Mary Shelley
59. **Quincas Borba**
    Machado de Assis
60. **Fedro**
    Platão
61. **Política**
    Aristóteles
62. **A Viuvinha / Encarnação**
    José de Alencar
63. **As Regras do Método Sociológico**
    Émile Durkheim
64. **O Cão dos Baskervilles**
    Sir Arthur Conan Doyle
65. **Contos Escolhidos**
    Machado de Assis
66. **Da Morte / Metafísica do Amor / Do Sofrimento do Mundo**
    Arthur Schopenhauer
67. **As Minas do Rei Salomão**
    Henry Rider Haggard
68. **Manuscritos Econômico-Filosóficos**
    Karl Marx
69. **Um Estudo em Vermelho**
    Sir Arthur Conan Doyle
70. **Meditações**
    Marco Aurélio
71. **A Vida das Abelhas**
    Maurice Materlinck
72. **O Cortiço**
    Aluísio Azevedo
73. **Senhora**
    José de Alencar
74. **Brás, Bexiga e Barra Funda / Laranja da China**
    Antônio de Alcântara Machado
75. **Eugênia Grandet**
    Honoré de Balzac
76. **Contos Gauchescos**
    João Simões Lopes Neto
77. **Esaú e Jacó**
    Machado de Assis
78. **O Desespero Humano**
    Sören Kierkegaard
79. **Dos Deveres**
    Cícero
80. **Ciência e Política**
    Max Weber
81. **Satíricon**
    Petrônio
82. **Eu e Outras Poesias**
    Augusto dos Anjos
83. **Farsa de Inês Pereira / Auto da Barca do Inferno / Auto da Alma**
    Gil Vicente
84. **A Desobediência Civil e Outros Escritos**
    Henry David Toreau
85. **Para Além do Bem e do Mal**
    Friedrich Nietzsche
86. **A Ilha do Tesouro**
    R. Louis Stevenson
87. **Marília de Dirceu**
    Tomás A. Gonzaga
88. **As Aventuras de Pinóquio**
    Carlo Collodi
89. **Segundo Tratado Sobre o Governo**
    John Locke
90. **Amor de Salvação**
    Camilo Castelo Branco
91. **Broquéis / Faróis / Últimos Sonetos**
    Cruz e Souza
92. **I-Juca-Pirama / Os Timbiras / Outros Poemas**
    Gonçalves Dias
93. **Romeu e Julieta**
    William Shakespeare
94. **A Capital Federal**
    Arthur Azevedo
95. **Diário de um Sedutor**
    Sören Kierkegaard
96. **Carta de Pero Vaz de Caminha a El-Rei Sobre o Achamento do Brasil**
97. **Casa de Pensão**
    Aluísio Azevedo
98. **Macbeth**
    William Shakespeare

99. **Édipo Rei/Antígona**
    Sófocles
100. **Lucíola**
    José de Alencar
101. **As Aventuras de Sherlock Holmes**
    Sir Arthur Conan Doyle
102. **Bom-Crioulo**
    Adolfo Caminha
103. **Helena**
    Machado de Assis
104. **Poemas Satíricos**
    Gregório de Matos
105. **Escritos Políticos / A Arte da Guerra**
    Maquiavel
106. **Ubirajara**
    José de Alencar
107. **Diva**
    José de Alencar
108. **Eurico, o Presbítero**
    Alexandre Herculano
109. **Os Melhores Contos**
    Lima Barreto
110. **A Luneta Mágica**
    Joaquim Manuel de Macedo
111. **Fundamentação da Metafísica dos Costumes e Outros Escritos**
    Immanuel Kant
112. **O Príncipe e o Mendigo**
    Mark Twain
113. **O Domínio de Si Mesmo Pela Auto-Sugestão Consciente**
    Emile Coué
114. **O Mulato**
    Aluísio Azevedo
115. **Sonetos**
    Florbela Espanca
116. **Uma Estadia no Inferno / Poemas / Carta do Vidente**
    Arthur Rimbaud
117. **Várias Histórias**
    Machado de Assis
118. **Fédon**
    Platão
119. **Poesias**
    Olavo Bilac
120. **A Conduta para a Vida**
    Ralph Waldo Emerson
121. **O Livro Vermelho**
    Mao Tsé-Tung
122. **Oração aos Moços**
    Rui Barbosa
123. **Otelo, o Mouro de Veneza**
    William Shakespeare
124. **Ensaios**
    Ralph Waldo Emerson
125. **De Profundis / Balada do Cárcere de Reading**
    Oscar Wilde
126. **Crítica da Razão Prática**
    Immanuel Kant
127. **A Arte de Amar**
    Ovídio Naso
128. **O Tartufo ou O Impostor**
    Molière
129. **Metamorfoses**
    Ovídio Naso
130. **A Gaia Ciência**
    Friedrich Nietzsche
131. **O Doente Imaginário**
    Molière
132. **Uma Lágrima de Mulher**
    Aluísio Azevedo
133. **O Último Adeus de Sherlock Holmes**
    Sir Arthur Conan Doyle
134. **Canudos - Diário de Uma Expedição**
    Euclides da Cunha
135. **A Doutrina de Buda**
    Siddharta Gautama
136. **Tao Te Ching**
    Lao-Tsé
137. **Da Monarquia / Vida Nova**
    Dante Alighieri
138. **A Brasileira de Prazins**
    Camilo Castelo Branco
139. **O Velho da Horta/Quem Tem Farelos?/Auto da Índia**
    Gil Vicente
140. **O Seminarista**
    Bernardo Guimarães
141. **O Alienista / Casa Velha**
    Machado de Assis
142. **Sonetos**
    Manuel du Bocage
143. **O Mandarim**
    Eça de Queirós
144. **Noite na Taverna / Macário**
    Álvares de Azevedo
145. **Viagens na Minha Terra**
    Almeida Garrett
146. **Sermões Escolhidos**
    Padre Antonio Vieira
147. **Os Escravos**
    Castro Alves
148. **O Demônio Familiar**
    José de Alencar
149. **A Mandrágora / Belfagor, o Arquidiabo**
    Maquiavel
150. **O Homem**
    Aluísio Azevedo
151. **Arte Poética**
    Aristóteles
152. **A Megera Domada**
    William Shakespeare
153. **Alceste/Electra/Hipólito**
    Eurípedes
154. **O Sermão da Montanha**
    Huberto Rohden
155. **O Cabeleira**
    Franklin Távora
156. **Rubáiyát**
    Omar Khayyám
157. **Luzia-Homem**
    Domingos Olímpio
158. **A Cidade e as Serras**
    Eça de Queirós
159. **A Retirada da Laguna**
    Visconde de Taunay
160. **A Viagem ao Centro da Terra**
    Júlio Verne
161. **Caramuru**
    Frei Santa Rita Durão
162. **Clara dos Anjos**
    Lima Barreto
163. **Memorial de Aires**
    Machado de Assis
164. **Bhagavad Gita**
    Krishna
165. **O Profeta**
    Khalil Gibran
166. **Aforismos**
    Hipócrates
167. **Kama Sutra**
    Vatsyayana
168. **O Livro da Jângal**
    Rudyard Kipling
169. **De Alma para Alma**
    Huberto Rohden
170. **Orações**
    Cícero
171. **Sabedoria das Parábolas**
    Huberto Rohden
172. **Salomé**
    Oscar Wilde
173. **Do Cidadão**
    Thomas Hobbes
174. **Porque Sofremos**
    Huberto Rohden
175. **Einstein: o Enigma do Universo**
    Huberto Rohden
176. **A Mensagem Viva do Cristo**
    Huberto Rohden
177. **Mahatma Gandhi**
    Huberto Rohden
178. **A Cidade do Sol**
    Tommaso Campanella
179. **Setas para o Infinito**
    Huberto Rohden
180. **A Voz do Silêncio**
    Helena Blavatsky
181. **Frei Luís de Sousa**
    Almeida Garrett
182. **Fábulas**
    Esopo
183. **Cântico de Natal/ Os Carrilhões**
    Charles Dickens
184. **Contos**
    Eça de Queirós
185. **O Pai Goriot**
    Honoré de Balzac
186. **Noites Brancas e Outras Histórias**
    Dostoiévski
187. **Minha Formação**
    Joaquim Nabuco
188. **Pragmatismo**
    William James
189. **Discursos Forenses**
    Enrico Ferri
190. **Medeia**
    Eurípedes
191. **Discursos de Acusação**
    Enrico Ferri
192. **A Ideologia Alemã**
    Marx & Engels
193. **Prometeu Acorrentado**
    Ésquilo
194. **Iaiá Garcia**
    Machado de Assis
195. **Discursos no Instituto dos Advogados Brasileiros / Discurso no Colégio Anchieta**
    Rui Barbosa
196. **Édipo em Colono**
    Sófocles
197. **A Arte de Curar pelo Espírito**
    Joel S. Goldsmith
198. **Jesus, o Filho do Homem**
    Khalil Gibran
199. **Discurso sobre a Origem e os Fundamentos da Desigualdade entre os Homens**
    Jean-Jacques Rousseau
200. **Fábulas**
    La Fontaine
201. **O Sonho de uma Noite de Verão**
    William Shakespeare

202. **Maquiavel, o Poder**
José Nivaldo Junior
203. **Ressurreição**
Machado de Assis
204. **O Caminho da Felicidade**
Huberto Rohden
205. **A Velhice do Padre Eterno**
Guerra Junqueiro
206. **O Sertanejo**
José de Alencar
207. **Gitanjali**
Rabindranath Tagore
208. **Senso Comum**
Thomas Paine
209. **Canaã**
Graça Aranha
210. **O Caminho Infinito**
Joel S. Goldsmith
211. **Pensamentos**
Epicuro
212. **A Letra Escarlate**
Nathaniel Hawthorne
213. **Autobiografia**
Benjamin Franklin
214. **Memórias de Sherlock Holmes**
Sir Arthur Conan Doyle
215. **O Dever do Advogado / Posse de Direitos Pessoais**
Rui Barbosa
216. **O Tronco do Ipê**
José de Alencar
217. **O Amante de Lady Chatterley**
D. H. Lawrence
218. **Contos Amazônicos**
Inglês de Souza
219. **A Tempestade**
William Shakespeare
220. **Ondas**
Euclides da Cunha
221. **Educação do Homem Integral**
Huberto Rohden
222. **Novos Rumos para a Educação**
Huberto Rohden
223. **Mulherzinhas**
Louise May Alcott
224. **A Mão e a Luva**
Machado de Assis
225. **A Morte de Ivan Ilicht / Senhores e Servos**
Leon Tolstói
226. **Álcoois e Outros Poemas**
Apollinaire
227. **Pais e Filhos**
Ivan Turguêniev
228. **Alice no País das Maravilhas**
Lewis Carrol
229. **À Margem da História**
Euclides da Cunha
230. **Viagem ao Brasil**
Hans Staden
231. **O Quinto Evangelho**
Tomé
232. **Lorde Jim**
Joseph Conrad
233. **Cartas Chilenas**
Tomás Antônio Gonzaga
234. **Odes Modernas**
Anntero de Quental
235. **Do Cativeiro Babilônico da Igreja**
Martinho Lutero
236. **O Coração das Trevas**
Joseph Conrad
237. **Thais**
Anatole France
238. **Andrômaca / Fedra**
Racine
239. **As Catilinárias**
Cícero
240. **Recordações da Casa dos Mortos**
Dostoiévski
241. **O Mercador de Veneza**
William Shakespeare
242. **A Filha do Capitão / A Dama de Espadas**
Aleksandr Púchkin
243. **Orgulho e Preconceito**
Jane Austen
244. **A Volta do Parafuso**
Henry James
245. **O Gaúcho**
José de Alencar
246. **Tristão e Isolda**
Lenda Medieval Celta de Amor
247. **Poemas Completos de Alberto Caeiro**
Fernando Pessoa
248. **Maiakóvski**
Vida e Poesia
249. **Sonetos**
William Shakespeare
250. **Poesia de Ricardo Reis**
Fernando Pessoa
251. **Papéis Avulsos**
Machado de Assis
252. **Contos Fluminenses**
Machado de Assis
253. **O Bobo**
Alexandre Herculano
254. **A Oração da Coroa**
Demóstenes
255. **O Castelo**
Franz Kafka
256. **O Trovejar do Silêncio**
Joel S. Goldsmith
257. **Alice na Casa dos Espelhos**
Lewis Carrol
258. **Miséria da Filosofia**
Karl Marx
259. **Júlio César**
William Shakespeare
260. **Antônio e Cleópatra**
William Shakespeare
261. **Filosofia da Arte**
Huberto Rohden
262. **A Alma Encantadora das Ruas**
João do Rio
263. **A Normalista**
Adolfo Caminha
264. **Pollyanna**
Eleanor H. Porter
265. **As Pupilas do Senhor Reitor**
Júlio Diniz
266. **As Primaveras**
Casimiro de Abreu
267. **Fundamentos do Direito**
Léon Duguit
268. **Discursos de Metafísica**
G. W. Leibniz
269. **Sociologia e Filosofia**
Émile Durkheim
270. **Cancioneiro**
Fernando Pessoa
271. **A Dama das Camélias**
Alexandre Dumas (filho)
272. **O Divórcio / As Bases da Fé / e outros textos**
Rui Barbosa
273. **Pollyanna Moça**
Eleanor H. Porter
274. **O 18 Brumário de Luís Bonaparte**
Karl Marx
275. **Teatro de Machado de Assis**
Antologia
276. **Cartas Persas**
Montesquieu
277. **Em Comunhão com Deus**
Huberto Rohden
278. **Razão e Sensibilidade**
Jane Austen
279. **Crônicas Selecionadas**
Machado de Assis
280. **Histórias da Meia-Noite**
Machado de Assis
281. **Cyrano de Bergerac**
Edmond Rostand
282. **O Maravilhoso Mágico de Oz**
L. Frank Baum
283. **Trocando Olhares**
Florbela Espanca
284. **O Pensamento Filosófico da Antiguidade**
Huberto Rohden
285. **Filosofia Contemporânea**
Huberto Rohden
286. **O Espírito da Filosofia Oriental**
Huberto Rohden
287. **A Pele do Lobo / O Badejo / O Dote**
Artur Azevedo
288. **Os Bruzundangas**
Lima Barreto
289. **A Pata da Gazela**
José de Alencar
290. **O Vale do Terror**
Sir Arthur Conan Doyle
291. **O Signo dos Quatro**
Sir Arthur Conan Doyle
292. **As Máscaras do Destino**
Florbela Espanca
293. **A Confissão de Lúcio**
Mário de Sá-Carneiro
294. **Falenas**
Machado de Assis
295. **O Uraguai / A Declamação Trágica**
Basílio da Gama
296. **Crisálidas**
Machado de Assis
297. **Americanas**
Machado de Assis
298. **A Carteira de Meu Tio**
Joaquim Manuel de Macedo
299. **Catecismo da Filosofia**
Huberto Rohden
300. **Apologia de Sócrates**
Platão (Edição bilingue)
301. **Rumo à Consciência Cósmica**
Huberto Rohden
302. **Cosmoterapia**
Huberto Rohden
303. **Bodas de Sangue**
Federico García Lorca
304. **Discurso da Servidão Voluntária**
Étienne de La Boétie

305. **Categorias**
 Aristóteles
306. **Manon Lescaut**
 Abade Prévost
307. **Teogonia / Trabalho e Dias**
 Hesíodo
308. **As Vítimas-Algozes**
 Joaquim Manuel de Macedo
309. **Persuasão**
 Jane Austen
310. **Agostinho** - Huberto Rohden
311. **Roteiro Cósmico**
 Huberto Rohden
312. **A Queda dum Anjo**
 Camilo Castelo Branco
313. **O Cristo Cósmico e os Essênios** - Huberto Rohden
314. **Metafísica do Cristianismo**
 Huberto Rohden
315. **Rei Édipo** - Sófocles
316. **Livro dos provérbios**
 Salomão
317. **Histórias de Horror**
 Howard Phillips Lovecraft
318. **O Ladrão de Casaca**
 Maurice Leblanc
319. **Til**
 José de Alencar

Série Ouro
(Livros com mais de 400 p.)

1. **Leviatã**
 Thomas Hobbes
2. **A Cidade Antiga**
 Fustel de Coulanges
3. **Crítica da Razão Pura**
 Immanuel Kant
4. **Confissões**
 Santo Agostinho
5. **Os Sertões**
 Euclides da Cunha
6. **Dicionário Filosófico**
 Voltaire
7. **A Divina Comédia**
 Dante Alighieri
8. **Ética Demonstrada à Maneira dos Geômetras**
 Baruch de Spinoza
9. **Do Espírito das Leis**
 Montesquieu
10. **O Primo Basílio**
 Eça de Queirós
11. **O Crime do Padre Amaro**
 Eça de Queirós
12. **Crime e Castigo**
 Dostoiévski
13. **Fausto**
 Goethe
14. **O Suicídio**
 Émile Durkheim
15. **Odisseia**
 Homero
16. **Paraíso Perdido**
 John Milton
17. **Drácula**
 Bram Stoker
18. **Ilíada**
 Homero
19. **As Aventuras de Huckleberry Finn**
 Mark Twain
20. **Paulo – O 13º Apóstolo**
 Ernest Renan
21. **Eneida**
 Virgílio
22. **Pensamentos**
 Blaise Pascal
23. **A Origem das Espécies**
 Charles Darwin
24. **Vida de Jesus**
 Ernest Renan
25. **Moby Dick**
 Herman Melville
26. **Os Irmãos Karamazovi**
 Dostoiévski
27. **O Morro dos Ventos Uivantes**
 Emily Brontë
28. **Vinte Mil Léguas Submarinas**
 Júlio Verne
29. **Madame Bovary**
 Gustave Flaubert
30. **O Vermelho e o Negro**
 Stendhal
31. **Os Trabalhadores do Mar**
 Victor Hugo
32. **A Vida dos Doze Césares**
 Suetônio
33. **O Moço Loiro**
 Joaquim Manuel de Macedo
34. **O Idiota**
 Dostoiévski
35. **Paulo de Tarso**
 Huberto Rohden
36. **O Peregrino**
 John Bunyan
37. **As Profecias**
 Nostradamus
38. **Novo Testamento**
 Huberto Rohden
39. **O Corcunda de Notre Dame**
 Victor Hugo
40. **Arte de Furtar**
 Anônimo do século XVII
41. **Germinal**
 Émile Zola
42. **Folhas de Relva**
 Walt Whitman
43. **Ben-Hur — Uma História dos Tempos de Cristo**
 Lew Wallace
44. **Os Maias**
 Eça de Queirós
45. **O Livro da Mitologia**
 Thomas Bulfinch
46. **Os Três Mosqueteiros**
 Alexandre Dumas
47. **Poesia de Álvaro de Campos**
 Fernando Pessoa
48. **Jesus Nazareno**
 Huberto Rohden
49. **Grandes Esperanças**
 Charles Dickens
50. **A Educação Sentimental**
 Gustave Flaubert
51. **O Conde de Monte Cristo (Volume I)**
 Alexandre Dumas
52. **O Conde de Monte Cristo (Volume II)**
 Alexandre Dumas
53. **Os Miseráveis (Volume I)**
 Victor Hugo
54. **Os Miseráveis (Volume II)**
 Victor Hugo
55. **Dom Quixote de La Mancha (Volume I)**
 Miguel de Cervantes
56. **Dom Quixote de La Mancha (Volume II)**
 Miguel de Cervantes
57. **As Confissões**
 Jean-Jacques Rousseau
58. **Contos Escolhidos**
 Artur Azevedo
59. **As Aventuras de Robin Hood**
 Howard Pyle
60. **Mansfield Park**
 Jane Austen